지친 삶을 다시 움직이게 하는
7개의 인생 엔진

7Q 리더십
엔진의 힘

홍영기

GLIM PRESS
글림출판사

7Q리더십연구원

희망의 서곡

Prelude of Hope

인생과 사명의 엔진은 어느 날 갑자기 멈추지 않습니다.

조금씩, 소리 없이, 방향을 잃은 채 식어갑니다.

우리가 지친 것은 능력이 없어서가 아니라,

엔진을 돌리는 구조를 잃었기 때문입니다.

이 책은 더 세게 달리라 말하지 않습니다.

고장 난 삶을 탓하지도 않습니다.

다만, 당신 안에 아직 남아 있는 엔진의 소리를 다시 깨웁니다.

당신 안의 엔진은 아직 멈추지 않았습니다.

Prelude of Hope

삶의 엔진을 다시 움직이는 7가지 선언

나는 의미 있는 방향으로 하루를 살아간다

나는 무너져도 다시 일어서는 긍정을 선택한다

나는 사고를 훈련하며 판단의 기준을 세운다

나는 말과 태도로 인격의 신뢰를 쌓아간다

나는 사람을 소모하지 않고 관계를 성장시킨다

나는 나만의 강점으로 역량을 깊게 만든다

나는 에너지를 관리하며 끝까지 가는 리듬을 만든다

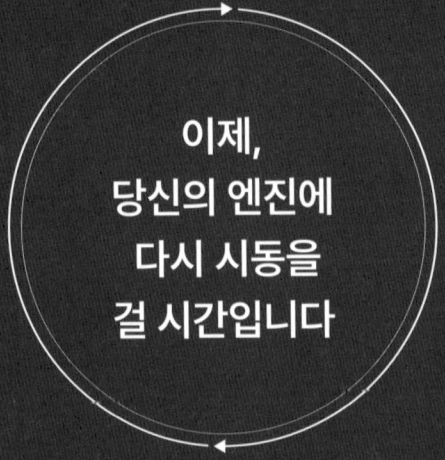

이제,
당신의 엔진에
다시 시동을
걸 시간입니다

Table of Contents

목차

목차

부록   7Q 엔진 실천 가이드

서문

리더십은 방향을 넘어
삶을 끝까지 움직이는 엔진입니다

열심히 살아가는데도 이상하게 지칠 때가 있습니다. 해야 할 일은 늘어나고, 책임은 커지는데 마음은 점점 무거워집니다. 사람들은 말합니다. "조금만 더 버티면 괜찮아질 거예요." 하지만 많은 경우, 그렇게 버티는 시간이 길어질수록 삶은 더 무거워집니다.

저는 오랜 시간 사람들의 삶 가까이에서 한 가지 장면을 반복해서 보았습니다. 교회와 학교, 다양한 교육과 리더십 훈련의 현장에서 누구보다 성실하고 책임감 있는 사람들이 어느 순간 힘을 잃어가는 모습을 말입니다. 그들은 게으르지 않았습니다. 의지가 약한 것도 아니었습니다. 오히려 누구보다 진지하게 자신의 사명과 책임을 감당하려 했던 사람들이었습니다.

처음에는 저도 더 노력하면 해결될 줄 알았습니다. 힘을 내고, 마음을 다잡고, 다시 시작하면 된다고 생각했습니다. 그러나 시간이 지나며 하나의 질문이 남았습니다. 왜 어떤 사람은 오래 가고, 어떤 사람은 점점 소진되는가? 그 질문을 붙들고 수많은 삶의 이야기를 듣다 보니 한 가지 공통된 패턴이 보이기 시작했습니다. 문제는 의지가 아니라, 삶의 작동 방식에 있다는 사실이었습니다.

서문

자동차는 연료만으로 달리지 않습니다. 엔진이 제대로 작동해야 오래갑니다. 우리의 삶도 마찬가지였습니다. 의지로 시작할 수는 있지만, 결국 삶은 구조 위에서 움직입니다. 저는 이것을 '인생의 엔진'이라고 부르기 시작했습니다.

이 책은 더 열심히 사는 방법을 말하려는 책이 아닙니다. 이미 충분히 애쓰고 있는 사람들에게 또 다른 부담을 얹고 싶지 않았기 때문입니다. 대신, 왜 우리의 에너지가 반복해서 새어 나가는지, 그리고 어떻게 다시 작동하는 구조를 만들 수 있는지를 함께 살펴보려 합니다.

저 역시 늘 완벽했던 사람은 아닙니다. 저 또한 한때는 더 열심히 하면 해결될 것이라 믿었습니다. 그러나 삶은 노력만으로 오래 유지되지 않는다는 것을 조금씩 배워가고 있습니다. 분명한 것은 하나입니다. 사람은 더 강해져야 오래 가는 것이 아니라, 잘 설계된 인생의 구조 안에서 오래 갈 수 있다는 사실입니다.

혹시 지금 이유 없이 지치고 있다면, 그것은 당신이 약해서가 아니라 엔진을 점검해야 할 때라는 신호일지도 모릅니다. 이제 이 책에서 당신의 삶을 다시 움직이게 할 7Q 리더십 엔진을 함께 살펴보려 합니다.

홍영기

학교에서는
가르쳐 주지 않는
인생 사용 설명서,
7Q

학교에서는 가르쳐 주지 않는 인생 사용 설명서, 7Q

> 간절히 바라지 않으면 시작할 수 없습니다.
> 그러나 반복되지 않으면 아무것도 바뀌지 않습니다.
> 간절함은 시동이고 구조는 엔진입니다.

당신의 삶이 멈춘 것은 당신 탓이 아닙니다. 다만, 삶을 움직이는 엔진이 잠시 멈췄을 뿐입니다. 우리는 인생을 운영하는 방법을 체계적으로 배운 적이 있을까요? 학교에서는 지식을 배웠습니다. 사회에서는 경쟁하는 법을 배웠습니다. 그러나 정작 인생을 오래, 건강하게, 의미 있게 운영하는 방법은 누구도 체계적으로 가르쳐 주지 않았습니다. 그래서 많은 사람들이 비슷한 질문 앞에 서게 됩니다. "왜 이렇게 열심히 사는데도 자꾸 지칠까?" "왜 어느 순간 삶이 멈춘 것처럼 느껴질까?"

이 질문은 실패의 신호가 아닙니다. 오히려 하나의 깨달음을 향한 신호입니다. 어쩌면 이것은 삶이 우리에게 보내는 신호일지도 모릅니다. 많은 사람들이 같은 지점에서 멈춰 서게 됩니다. 문제는 열심이 부족해서가 아닙니다. 우리는 이미 충분히 노력하고 있습니다. 그러나 삶이 움직이는 방식, 곧 '구조'를 점검하는 일은 자주 놓칩니다. 자동차가 멈췄을 때 운전자를 탓하지 않듯, 인생이 흔들릴 때도 먼저 점검해야 할 것은 사람이 아니라 인생의 구조입니다. 이 책은 바로 그 구조를 다시 세우기 위해 쓰였습니다.

인생은 의지보다 구조로 움직인다

우리는 흔히 삶을 의지의 문제로 이해합니다. 더 강해지면 괜찮아질 것이라 믿고, 더 노력하면 해결될 것이라 생각합니다. 그러나 현실은 다릅니다. 인생은 감정만으로 굴러가지 않습니다. 결심만으로 유지되지도 않습니다. 삶에는 눈에 보이지 않는 '작동 구조'가 있습니다. 그 구조가 건강하면 같은 하루도 안정적으로 흘러갑니다. 그러나 구조가 흔들리면 작은 스트레스에도 삶 전체가 흔들립니다. 의지는 순간을 움직이지만, 구조는 시간을 움직입니다. 버티는 사람은 결국 지치지만, 구조를 가진 사람은 다시 회복하며 앞으로 나아갑니다.

문제는 사람이 아니라 구조입니다.

7Q는 성공의 비밀이 아니라 삶의 구동 구조이다

이 책은 "더 성공하세요"라고 말하지 않습니다. 대신 이렇게 말합니다. "더 오래, 더 단단하게, 더 의미 있게 살아가십시오." 우리의 삶은 하나의 힘으로만 운영되지 않습니다. 의미, 감정, 사고, 인격, 관계, 전문성, 에너지—이 모든 요소가 함께 움직일 때 삶은 균형을 유지합니다.

하지만 현실에서는 종종 이런 일이 벌어집니다.

- 성과 엔진만 과열되고
- 관계 엔진은 방전되고
- 에너지 엔진은 소진되고
- 의미 엔진은 꺼진 줄도 모른 채 살아갑니다.

그리고 어느 순간 삶은 멈춘 듯 느껴집니다. 7Q는 바로 그 지점에서 시작합니다. 7Q는 지식이 아닙니다. 이론도 아닙니다. 삶이 다시 움직이도록 돕는 구동 구조입니다.

7Q, 삶을 다시 움직이게 하는 7개의 엔진

7Q는 단순한 자기계발 분류표가 아닙니다. 삶이 실제로 작동하도록 설계된 7개의 인생 엔진입니다. 방향만 안다고 해서 삶이 움직이지는 않습니다. 나침반이 방향이라면, 엔진은 그 방향으로 나아가게 하는 힘입니다.

삶은 한 가지 힘으로만 유지되지 않습니다. 의미와 감정, 사고와 인격, 관계와 전문성, 그리고 에너지까지 서로 연결될 때 비로소 안정적으로 움직이기 시작합니다. 그래서 저는 삶을 일곱 개의 엔진으로 바라보기 시작했습니다. 7Q는 삶의 불균형을 점검하고, 각 영역이 다시 제 기능을 하도록 돕는 설계도입니다.

- SQ: 내가 왜 사는지의 의미 — 방향성
- PQ: 무너져도 다시 일어나는 힘 — 회복력
- IQ: 선택을 바꾸는 사고의 힘 — 판단력
- CQ: 사람을 끌어당기는 인격의 힘 — 신뢰성
- NQ: 혼자가 아닌 연결의 능력 — 사회성
- EQ: 나만의 무기와 실력을 쌓는 힘 — 전문성
- BQ: 끝까지 가게 만드는 에너지 — 지속성

이것은 지식을 더하는 체계가 아니라, 삶을 다시 움직이게 하는 구조입니다.

당신의 삶을 다시 움직이게 하는 책

이 책은 당신을 더 열심히 살게 만들기 위한 책이 아닙니다. 멈춘 삶의 엔진을 다시 움직이게 하는 책입니다. 당신은 고장 난 사람이 아니라, 잠시 멈춰 선 사람일 뿐입니다. 당신에게 더 완벽해지라고 요구하지 않습니다. 더 대단한 사람이 되라고 강요하지도 않습니다. 다만 이렇게 말합니다. "다시 작동하면 됩니다."

> **작동한다는 것은 마음이 제자리를 찾고,**
> **생각이 선명해지고,**
> **관계가 회복되고,**
> **삶의 방향이 다시 연결되는 것입니다.**

그 시작은 거창한 결단이 아닙니다. 작은 회로 하나를 다시 연결하는 일입니다.

이 책을 어떻게 읽으면 좋을까?

이 책은 처음부터 끝까지 한 번에 읽는 책이라기보다, 삶을 점검하듯 읽는 책입니다.

> · **지금 내 삶에서 가장 약해진 엔진은 무엇인가?**
> · **어디에서 에너지가 새고 있는가?**
> · **어떤 작은 회로 하나만 연결해도 변화가 시작될 수 있는가?**

모든 것을 한 번에 바꾸려 하지 않아도 됩니다. 엔진은 한 번에 교체하지 않습니다. 하나씩 점검하고, 하나씩 다시 연결할 때 삶은 조용히, 그러나 확실하게 다시 움직이기 시작합니다. 당신 안에는 아직 엔진의 소리가 남아 있습니다.

다시 시작하고 싶다.
이번에는 오래 가고 싶다.

그 마음은 약함이 아닙니다. 그 마음이 바로 시동입니다. 당신은 고장 난 사람이 아닙니다. 단지, 점검이 필요한 시스템을 가진 사람일 뿐입니다. 이제, 인생 운영체제를 다시 켤 시간입니다. 7Q는 오늘, 아주 작은 회로 하나를 연결하는 순간부터 당신의 삶 안에서 다시 작동하기 시작할 것입니다.

1장

열심히 사는데 왜 이렇게 지칠까

- 당신이 아니라 삶의 시스템이 멈춘 것이다

> 번아웃은 실패가 아닙니다.
> 삶을 움직이던 시스템이 멈춘 신호일 뿐입니다.
> 그리고 시스템은 다시 연결될 수 있습니다.

달리던 열차는 왜 멈췄을까?

한겨울 새벽, 한 고속열차가 갑자기 멈춰 섰습니다. 시속 300킬로미터로 달리던 열차가 아무런 충돌도 없이, 경고도 없이 정지했습니다. 승객들은 당황했습니다. 누군가는 창밖을 두드렸고, 누군가는 분노했고, 누군가는 휴대전화를 꺼내 상황을 촬영했습니다. 방송은 짧게 반복되었습니다. "현재 시스템 점검 중입니다. 잠시만 기다려 주시기 바랍니다."

사람들은 원인을 추측했습니다. 연료가 떨어진 것 아닐까? 기관사의 실수일까? 선로에 문제가 생긴 건 아닐까? 그러나 정비 결과는 뜻밖이었습니다. 연료는 충분했고, 기관사는 숙련자였으며, 선로에도 이상이 없었습니다. 문제는 단 하나였습니다. 운행을 통합 제어하는 중앙 시스템(OS, Operating System)의 오류였습니다. 엔진은 살아 있었지만, 전체를 움직이는 구조가 멈춰 있었던 것입니다. 그 순간 저는 문득 생각했습니다. 어쩌면 우리의 인생도 이와 같은 방식으로 멈추는 것은 아닐까? 겉으로는 모든 것이 멀쩡해 보여도, 삶을 움직이는 보이지 않는 구조(OS)가 멈춰 있을 수도 있기 때문입니다.

멈출 이유가 없어 보이는데, 우리는 멈춘다

우리는 열심히 살아갑니다. 아침에 눈을 뜨자마자 일정표를 확인하고, 하루 종일 메시지와 책임에 응답하며, 집에 돌아와서도 머릿속은 내일의 일로 가득합니다. 겉으로 보면 멈출 이유가 없습니다. 오히려 잘 돌아가는 인생처럼 보입니다.

그런데 어느 날, 설명하기 어려운 무력감이 찾아옵니다. 몸은 움직이지만 마음은 멈춰 선 것처럼 느껴집니다. 잠을 자도 회복되지 않고, 성과가 있어도 기쁨이 남지 않으며, 미래를 생각하면 이유 없이 숨이 막힙니다. 그때 우리는 보통 이렇게 생각합니다.

"내가 약해진 걸까?"
"조금만 더 버티면 괜찮아질까?"
"의지가 부족해서 그런 걸까?"

그러나 정말 문제는 '나'일까요? 문제는 멈춘 이유가 보이지 않는다는 데 있습니다. 멈춘 이유를 찾지 못할 때, 우리는 먼저 자신을 탓하기 시작합니다.

인생은 갑자기 무너지지 않는다

폭우가 쏟아지던 어느 여름, 한 도시의 다리가 갑자기 붕괴되었습니다. 겉으로 보기에는 아무 문제도 없어 보였던 다리였습니다. 하지만 조사 결과, 오래전부터 내부에는 미세한 균열이 쌓여 있었습니다. 눈에 띄지 않았고, 당장 문제가 없어 보였기 때문에 누구도 멈춰 점검하지 않았습니다. 그리고 어느 날, 보이지 않던 균열이 한순간에 드러났습니다.

우리의 인생도 비슷합니다. 어느 날 갑자기 무너진 것처럼 느껴지지만, 사실은 오래전부터 구조 안에서 균열이 자라고 있었던 것입니다. 회복되지 않는 감정, 반복되는 피로, 관계의 소진, 의미의 공백 — 이것들은 실패의 증거가 아니라 시스템이 보내는 경고음일 수 있습니다. 무너짐은 사건이 아니라, 오래된 신호의 결과일 때가 많습니다. 번아웃은 갑작스러운 붕괴가 아닙니다. 오래전부터 켜져 있던 경고등을 우리가 늦게 알아차렸을 뿐입니다.

문제는 사람이 아니라, 작동 방식이다

여기서 중요한 사실이 하나 있습니다. 지쳐 있는 대부분의 사람들은 게으르지 않습니다. 오히려 책임감이 강하고, 쉽게 포기하지 않으며, 여기까지 버텨온 사람들입니다. 문제는 의지가 아닙니다. 문제는 삶이 움직이는 방식입니다.

인생은 감정으로만 굴러가지 않습니다. 결심으로만 유지되지도 않습니다. 인생에는 눈에 보이지 않는 운영체제가 있습니다. 운영체제가 건강하면 같은 하루를 살아도 무너지지 않지만, 운영체제가 제대로 정비되지 않으면 작은 스트레스에도 전체 시스템이 흔들립니다.

저는 목회와 리더 훈련의 현장에서 비슷한 장면을 여러 번 보아 왔습니다. 제가 미국에 있을 때 한 분이 찾아와 이렇게 말했습니다. "목사님, 가정도 안정된 편이고 경제적으로도 부족함이 없는데, 왜 인생이 자꾸 허무하게 느껴질까요?"

또 다른 분도 조용히 이렇게 이야기한 적이 있습니다. "저는 분명히 잘하고 있는 것 같은데, 왜 자꾸 피로하고 멈추는 느낌이 드는 걸까요?" 그분들은 모두 책임감이 강하고 성실하게 삶을 살아가던 분들이었습니다. 겉으로 보기에는 별문제가 없어 보였지만, 마음 깊은 곳에서는 설명하기 어려운 멈춤과 소진을 경험하고 있었습니다.

저 역시 사역과 일의 무게가 겹치던 어느 시기에, 분명히 달리고 있는데 앞으로 나아가지 않는 듯한 시간을 보낸 적이 있습니다. 더 기도하고 더 노력하면 해결될 것이라 생각했지만, 시간이 지나며 한 가지 사실을 깨닫게 되었습니다. 문제는 사람의 의지보다, 삶이 작동하는 방식에 있다는 사실이었습니다. 그때부터 저는 사람의 노력보다 삶을 움직이는 구조와 흐름을 보기 시작했습니다. 그리고 저는 비슷한 패턴을 다른 사람들의 이야기에서도 발견하게 되었습니다.

미국의 작가이자 동기부여 연사인 멜 로빈스(Mel Robbins) 역시 한때 삶이 멈춘 듯한 시간을 경험했습니다. 그녀는 마흔한 살 무렵 실직과 빚, 깊은 무기력 속에서 아침에 침대에서 일어나는 것조차 힘든 시기를 보냈다고 고백합니다. 그때의 문제는 의지의 부족이 아니었습니다. 무엇을 해야 하는지는 알고 있었지만, 스스로를 움직이게 하는 구조가 없었던 것입니다.

어느 날 그녀는 TV에서 로켓 발사 장면을 보며 한 가지 단순한 사실에 주목했습니다. 카운트다운이 끝나면 로켓은 망설이지 않고 점화된다는 것이었습니다. 그리고 이렇게 생각했습니다. "나에게도 생각을 행동으로 연결해 주는 점화 장치가 필요하다."

그날부터 그녀는 어떤 행동이 떠오를 때 머릿속으로 5-4-3-2-1을 세고, 망설임이 시작되기 전에 몸을 움직이기 시작했습니다. 이것이 훗날 '5초 룰'(5 Second Rule)로 알려진 방법입니다. 이 방식은 강한 의지를 요구하지 않았습니다. 오히려 변명과 두려움이 개입하기 전에 행동을 시작하도록 돕는 아주 작은 구조였습니다.

이후 그녀는 자신의 경험을 정리해 『The 5 Second Rule』(5초의 법칙)이라는 책으로 소개했고, 많은 사람들이 이 단순한 구조를 통해 삶을 다시 움직일 수 있었다고 이야기하게 되었습니다. 중요한 것은 성공의 크기가 아니라, 멈춰 있던 삶이 다시 작동하기 시작했다는 사실입니다. 인생은 때로 의지보다 '점화 장치'가 필요합니다. 우리는 지금까지 이렇게 질문해 왔습니다. "나는 얼마나 더 노력해야 할까?" 그러나 이제 질문은 조금 달라져야 합니다.

내 삶은 어떤 방식으로 움직이고 있는가?

우리는 인생을 점검하지 않은 채 운전한다

많은 사람들은 지칠 때 이렇게 말합니다. "잠깐 쉬어라." "여행을 다녀와라." "마음을 비워라." 물론 쉼은 필요합니다. 그러나 문제는 쉬어도 다시 같은 지점으로 돌아온다는 데 있습니다. 이유는 간단합니다. 엔진의 구조가 바뀌지 않았기 때문입니다. 엔진은 한 번 멈췄다고 저절로 좋아지지 않습니다. 연료, 전류, 회로, 출력이 다시 연결되어야 지속적으로 움직입니다. 인생도 마찬가지입니다. 쉬었는데도 다시 무너진다면, 쉼이 아니라 구조를 점검해야 합니다.

번아웃은 삶의 시스템이 보내는 경고 신호입니다.

비행기는 이륙하기 전에 반드시 점검합니다. 계기판, 연료, 조종 시스템 — 하나라도 이상이 있으면 출발하지 않습니다. 하지만 우리는 인생을 그렇게 대하지 않습니다. 바쁘다는 이유로, 괜찮은 척해야 한다는 이유로, 아직 버틸 수 있다는 이유로 가장 중요한 점검을 미룹니다.

- 내 마음의 상태는 어떠한가?
- 내가 왜 이 길을 가고 있는가?
- 지금의 삶이 정말 나답게 작동하고 있는 것인가?

점검하지 않는 시스템은 언젠가 반드시 멈출 수 있습니다.

인생 운영체제(OS)가 필요하다

자동차에 엔진이 하나뿐이라면 오래 달릴 수 없습니다. 우리의 복잡한 삶도 마찬가지입니다. 의미, 감정, 사고, 인격, 관계, 전문성, 에너지 — 이 모든 요소가 서로 연결될 때 비로소 삶은 안정적으로 움직입니다.

문제는 우리가 삶을 하나의 시스템으로 보기보다, 각각의 문제를 따로 해결하려 한다는 데 있습니다. 마음이 힘들면 잠시 쉬고, 일이 막히면 더 열심히 하고, 관계가 어려우면 거리를 두는 방식으로 대응합니다. 물론 그것들도 필요합니다. 그러나 전체를 움직이는 구조가 정리되어 있지 않으면, 부분적인 해결은 오래 지속되지 못합니다.

컴퓨터를 생각해 보면 이해하기 쉽습니다. 아무리 좋은 프로그램을 설치해도 운영체제가 불안정하면 오류가 반복됩니다. 문제는 프로그램이 아니라 그것을 연결하고 흐르게 하는 기반 구조에 있습니다. 우리의 삶도 마찬가지입니다. 능력이 부족해서가 아니라, 서로 다른 요소들을 안정적으로 연결하는 구조가 약해질 때 삶 전체가 흔들리기 시작합니다. 우리는 종종 몇 개의 엔진만 과열시키며 살아갑니다. 그 결과 삶의 균형이 무너지고, 어느 순간 설명하기 어려운 피로와 멈춤을 경험하게 됩니다. 겉으로는 달리고 있는데, 안에서는 균형이 무너지고 있었던 것입니다. 이 책이 말하는 7Q 인생 운영체제(OS)는 더 열심히 살라고 요구하지 않습니다. 삶이 스스로 돌아가도록, 서로 분리되어 있던 삶의 엔진들을 다시 연결하고 균형 있게 작동하도록 돕는 구조를 제시합니다.

당신은 실패한 것이 아니다
- 오래된 구조로 달려왔을 뿐이다

당신은 실패한 인생이 아닙니다. 만약 지금 이 장을 읽으며 마음 한편이 조용히 흔들린다면, 그것은 실패의 신호가 아닙니다. 오히려 다시 시동이 걸리려는 신호일지도 모릅니다. 우리는 종종 자신을 탓합니다. 더 강해져야 한다고, 더 참아야 한다고, 더 열심히 해야 한다고 스스로를 몰아붙입니다. 그러나 정말 점검해야 할 것은 사람이 아니라 구조입니다.

삶은 의지로만 버티는 것이 아닙니다. 삶은 작동하는 방식 위에서 유지됩니다. 지금 당신이 지쳐 있다면, 그것은 당신이 부족해서가 아니라 오래된 구조로 너무 오래 달려왔기 때문일지도 모릅니다. 번아웃은 실패가 아니라 오래된 시스템이 보내는 신호입니다. 이제 필요한 것은 더 큰 결심이 아닙니다. 다시 작동할 수 있는 삶의 구조입니다.

그리고 이제 질문은 하나만 남습니다. "그 구조를 다시 움직이게 하는 일은 어디서부터 시작될 수 있을까?" 다음 장에서는 삶의 운전석으로 다시 돌아오는 셀프 리더십을 살펴보고, 이어서 당신의 삶을 움직이는 7개의 엔진을 하나씩 만나게 될 것입니다.

이제, 삶의 운영체제(OS)를 다시 켤 시간입니다.

지혜의 묵상
"삶은 열정으로 시작되지만, 균형으로 오래 간다."
— 홍영기

# 2장 인생의 운전석으로 다시 돌아오다
- 셀프 리더십과 7Q OS(인생 운영체제)

> 인생이 흔들리는 이유는 방향이 없어서가 아닙니다.
> 운전석이 비어 있기 때문입니다.
> 셀프 리더십은 다시 운전석으로 돌아오는 일입니다.

쓰러진 나무와 남은 나무의 차이

큰 폭풍이 몰아치던 날, 커다란 나무 하나가 뿌리째 뽑혀 쓰러졌습니다. 사람들은 놀랐습니다. 그 나무는 키도 크고, 잎도 무성했기 때문입니다. 그런데 그 옆의 작은 나무는 끝내 쓰러지지 않았습니다. 이유는 단 하나였습니다. 뿌리의 깊이였습니다. 문제는 크기가 아니라, 보이지 않는 구조였습니다.

리더십도 마찬가지입니다. 위기의 순간에 사람을 지탱하는 것은 보이는 성과나 겉으로 드러난 능력이 아니라, 보이지 않는 내면의 구조입니다. 겉으로는 멀쩡해 보이는데 어느 날 갑자기 더 이상 앞으로 나아가지 않는 느낌이 찾아옵니다. 방향이 틀린 것 같지는 않은데, 이상하게 앞으로 나아가지 못합니다. 사람을 만나도 피곤하고, 일을 해도 성취감이 남지 않으며, 쉬어도 회복이 더딥니다. 그래서 우리는 자주 이렇게 말합니다.

> **"제가 왜 이러죠?"**
> **"이전에는 이렇게까지는 아니었는데요."**
> **"요즘은 자꾸 제자리에 서 있는 느낌입니다."**

이 질문은 자책이 아니라, 회복이 시작되는 신호입니다. 앞 장에서 저는 "문제는 노력이 아니라 구조"라고 말씀드렸습니다. 많은 분들이 지친 이유는 게으름 때문이 아니고, 사명이 없어서도 아닙니다. 오히려 그 반대입니다. 책임감이 크고, 쉽게 포기하지 않고, 끝까지 해내려는 분들이 먼저 흔들립니다. 그렇다면 이제 질문은 다음 단계로 넘어가야 합니다.

그 구조는 누가 다시 세우는가?
그리고 어떻게 다시 작동하게 하는가?

어느 순간 우리는 인생의 운전석에서 조금씩 내려와 있음을 깨닫게 됩니다. 인생은 방향을 잃어서가 아니라, 운전석을 비워둘 때 흔들리기 시작합니다. 운전석을 놓치는 순간부터 삶은 '내 것'이 아니라 상황에 의해 흘러가게 됩니다.

우리는 살면서 많은 순간 운전석을 내려놓습니다. 바쁘다는 이유로, 급하다는 이유로, "지금은 어쩔 수 없어"라는 이유로 나 자신을 운전하기보다 상황에 끌려갑니다. 사람의 기대에 반응하고, 일정의 압력에 밀리고, 감정의 기복에 휘둘리고, 관계의 피로에 끌려다닙니다. 그렇게 시간이 지나면 어느 날 이런 느낌이 찾아옵니다. "내 인생이 내 손을 떠난 것 같습니다." 사실 우리가 잃어버린 것은 길이 아니라, 삶을 붙잡고 있다는 감각일지도 모릅니다.

이때 필요한 것이 셀프 리더십입니다. 셀프 리더십은 남을 이기기 위한 기술이 아니라, 내 삶을 다시 내 손에 붙잡는 능력입니다. 삶의 운전대를 다시 잡고, 브레이크와 엑셀을 내가 조절할 수 있게 만드는 능력입니다. 그리고 이것은 '마음먹기'로만 되지 않습니다. 운전은 결심만으로 되는 일이 아니라, 반복 가능한 구조로 되는 일이기 때문입니다. 셀프 리더십은 더 강해지는 법이 아니라, 다시 작동하는 법입니다.

셀프 리더십이란?

셀프 리더십은 '혼자 잘해 보겠다'는 고집이 아닙니다. 셀프 리더십은 자기 자신을 다시 조율할 수 있는 능력입니다. 더 정확히 말하면 내 삶의 방향과 리듬을 스스로 회복할 수 있는 능력입니다.

요즘 사람들은 이전 세대보다 더 많은 지식과 도구를 가졌습니다. 정보도 넘치고, 강의도 많고, 책도 많고, 방법도 많습니다. 그런데 역설적으로 삶을 "운영"하는 능력은 더 약해진 것처럼 보입니다. 이유는 단순합니다. 우리는 시작하는 법은 배웠지만, 지속하는 법은 배우지 못했기 때문입니다.

많은 분들이 이런 경험을 합니다.

- **결심은 분명히 했는데 오래 가지 않습니다.**
- **좋은 습관을 시작했는데 어느 순간 흐트러집니다.**
- **열심히 하고 있는데도 이상하게 계속 지칩니다.**
- **중요한 선택 앞에서 판단이 흐려지고 결정이 흔들립니다.**

이것은 단지 마음의 문제가 아닙니다. 삶이 돌아가는 운영 방식의 문제입니다. 그래서 셀프 리더십은 "더 강해지는 법"이 아니라 "다시 작동시키는 법"에 가깝습니다. 더 단단한 의지보다 더 중요한 것은, 의지가 약해져도 삶이 무너지지 않게 하는 구조입니다.

경영학자 찰스 맨즈(Charles C. Manz)는 셀프 리더십을 "스스로에게 동기를 부여하고 자신의 행동과 방향에 영향을 미칠 수 있는 능력"으로 정의했습니다. 그러나 제가 바라보는 셀프 리더십의 핵심은 이렇습니다.

셀프 리더십은 단지 '나를 관리하는 능력'이 아니라,
'나를 다시 작동하게 하는 능력'이다.

여기서 '작동한다'는 말은 완벽해진다는 뜻이 아닙니다. 감정이 늘 좋고, 컨디션이 늘 최상이라는 뜻도 아닙니다. 작동한다는 것은 이런 상태입니다.

- **마음이 무너졌다가도 다시 제자리를 찾고**
- **생각이 흐려졌다가도 다시 선명해지고**
- **관계가 지쳤다가도 다시 회복되고**
- **의미가 흔들렸다가도 다시 중심으로 돌아오는 것**

이 "돌아오는 능력"이 셀프 리더십입니다. 그리고 이것은 한 번의 결단으로 생기지 않습니다. 반복과 루틴, 즉 삶의 구조로 만들어집니다.

자기 자신이 리더십의 첫 무대다

많은 사람들은 환경을 바꾸려고 애씁니다. 환경이 바뀌면 괜찮아질 것 같고, 사람이 바뀌면 문제가 풀릴 것 같고, 상황이 안정되면 회복될 것 같습니다. 물론 환경과 상황도 중요합니다. 그러나 결정적으로 중요한 것은 이것입니다.

**인생에서 가장 오래, 가장 깊이 함께 살아야 할 사람은
결국 나 자신이다.**

그런데 우리는 '나'를 운영하는 법을 가장 늦게 배웁니다. 그리고 의외로 "나 자신"을 가장 소홀히 다룹니다. 타인을 설득할 논리는 준비하면서도, 내 마음을 설득할 구조는 준비하지 않습니다. 일정을 관리하면서도, 내 에너지를 관리하지 않습니다. 목표를 세우면서도, 그 목표를 유지할 리듬은 설계하지 않습니다.

그래서 리더십의 첫 무대는 밖이 아니라 안입니다. 타인을 이끄는 기술 이전에, 내 삶을 책임지는 능력이 먼저입니다. 리더십은 누군가 앞에 서는 능력이 아니라, 내가 나를 잃지 않는 능력입니다. 여기서 질문은 하나입니다.

그렇다면 '나를 다시 작동하게 하는 구조'는 무엇인가?
무너졌다가도 다시 돌아오는 운영체제는 어떻게 세우는가?

삶을 움직이는 구조는 하나의 시스템이다

삶을 하나의 구조로 연결해주는 시스템은 바로 7Q 인생 운영체제(OS: Operating System)입니다. 우리는 흔히 삶을 하나의 문제로 바라보지만, 실제 삶은 여러 기능이 동시에 작동해야 유지되는 시스템에 가깝습니다. 방향, 감정, 사고, 인격, 관계, 실행, 에너지 가운데 하나라도 멈추면 전체 리듬이 흔들리기 시작합니다. 아래는 7Q 인생 운영체제를 한눈에 보여 주는 핵심 구조입니다.

7Q 인생 운영체제(OS) 마스터 테이블

Q	엔진	자동차 비유	핵심 기능	4대 회로
SQ	의미 엔진	네비게이션	방향성	정체성 · 사명 · 가치 · 비전
PQ	긍정 엔진	점화 장치	회복력	자기 긍정 · 타인 긍정 · 역할 긍정 · 미래 긍정
IQ	사고 엔진	제어 시스템	판단력	학습 · 질문 · 통합 · 지혜
CQ	인격 엔진	안전 장치	신뢰성	성찰 · 목표 · 멘토링 · 습관
NQ	관계 엔진	연결 시스템	사회성	인사 · 소통 · 존중 · 섬김
EQ	역량 엔진	실행 장치	전문성	방향 · 강점 · 피드백 · 숙련
BQ	에너지 엔진	연료 시스템	지속성	회복 · 연료 · 활력 · 정서

7Q 인생 운영체제는 자동차와 비슷한 구조를 가지고 있습니다. 네비게이션이 방향을 잡고, 점화 장치가 엔진을 깨우며, 제어 시스템이 움직임을 조절합니다. 안전 장치와 연결 시스템이 균형을 유지하고, 실행 장치와 연료 시스템이 실제 움직임을 지속하게 만듭니다. 인생도 마찬가지입니다. 한 엔진만 강해진다고 오래 달릴 수는 없습니다. 이제 이러한 연결 구조가 실제 삶에서 어떻게 작동하는지 전체 흐름을 한눈에 보여주는 '7Q 엔진 지도'를 살펴보겠습니다.

7Q 리더십 엔진 지도

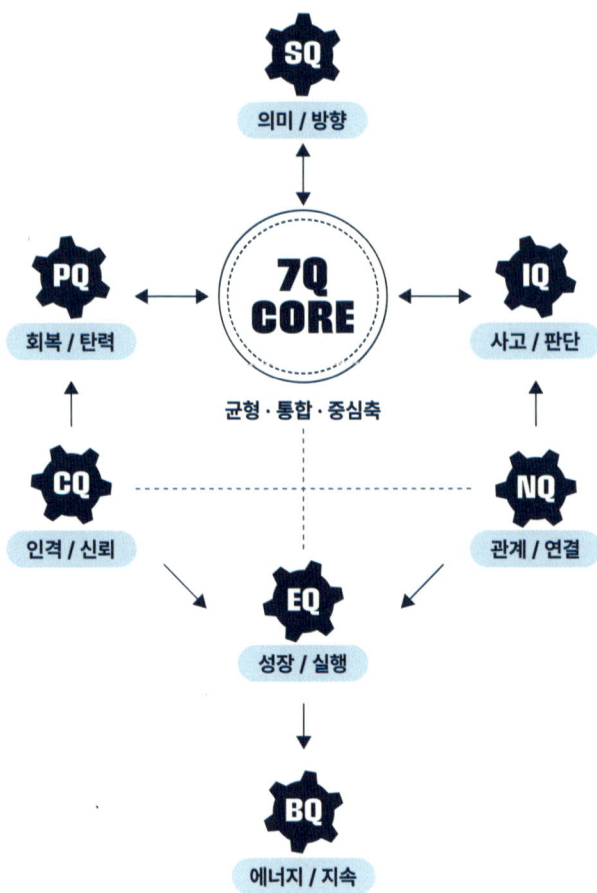

삶은 하나의 능력으로 버티는 것이 아니라, 연결된 엔진이 함께 움직일 때 오래 갑니다

이 지도는 단순한 도식이 아니라, 삶이 실제로 움직이는 흐름을 보여주는 구조도입니다. 하나의 엔진만 강해진다고 삶이 안정되는 것은 아닙니다. 의미가 방향을 잡고, 긍정과 사고가 중심을 지탱하며, 인격과 관계가 연결을 만들고, 역량과 에너지가 실행을 지속시킬 때 비로소 삶 전체가 다시 움직이기 시작합니다. 이 책 전체는 바로 이 지도를 한 줄씩 펼쳐 가는 여정입니다. 이 장에서는 전체 구조만 먼저 살펴봅니다. 각 엔진의 실제 작동 방식과 회복 방법은 다음 장부터 하나씩 살펴보게 됩니다.

7Q, 삶을 오래 움직이게 하는 운영체제

사람은 하나의 능력만으로 오래 갈 수 없습니다. 의미만으로 버틸 수도 없고, 열정만으로 지속할 수도 없습니다. 생각은 방향을 제시하지만 관계가 무너지면 흔들리고, 에너지가 고갈되면 아무것도 실행할 수 없습니다. 인생은 여러 힘이 동시에 작동할 때 비로소 안정적으로 움직입니다.

문제는 많은 사람들이 삶을 '부분'으로 관리한다는 데 있습니다. 일은 성장하지만 몸은 지치고, 성과는 쌓이지만 관계는 얇아집니다. 바쁠수록 삶은 더 빠르게 돌아가는 것처럼 보이지만, 실제로는 한쪽만 과열된 상태로 달리고 있을 뿐입니다. 결국 어느 순간, 이유를 설명하기 어려운 정체와 소진을 경험하게 됩니다. 이때 필요한 것은 더 강한 의지가 아니라 구조의 재정렬입니다.

운영체제(OS)를 생각해 보면 이해가 쉽습니다. 성능 좋은 프로그램도 운영체제가 불안정하면 오류를 반복합니다. 문제는 프로그램이 아니라 그것을 통합하고 흐르게 하는 시스템에 있습니다. 인생도 같습니다. 목표와 능력, 경험이 충분해도 그것을 균형 있게 연결하는 구조가 없으면 오래 지속되지 못합니다.

7Q는 바로 이 구조를 설명합니다. 삶을 구성하는 핵심 기능을 일곱 개의 엔진으로 나누어, 서로가 균형을 이루며 작동하도록 돕는 프레임입니다. 여기서 말하는 Q는 Quotient의 약자로, 태어날 때 고정되는 능력이 아니라 반복을 통해 강화되는 삶의 작동 지수를 의미합니다.

우리는 IQ라는 용어에는 익숙하지만, 실제 인생은 지능 하나만으로 운영되지 않습니다. 방향을 붙드는 힘, 다시 일어나는 힘, 관계를 유지하는 힘, 끝까지 가는 에너지가 함께 움직일 때 삶은 안정적으로 돌아갑니다. 7Q는 삶을 구성하는 7개의 핵심 엔진으로 설명됩니다.

- **SQ (Spirituality Quotient)**
  - 삶의 의미와 방향을 붙드는 **의미 엔진**

- **PQ (Positivity Quotient)**
  - 회복력과 긍정적 탄력을 만드는 **긍정 엔진**

- **IQ (Intelligence Quotient)**
  - 사고와 판단을 가능하게 하는 **사고 엔진**

- **CQ (Character Quotient)**
  - 신뢰를 형성하는 **인격 엔진**

- **NQ (Network Quotient)**
  - 관계와 연결을 확장하는 **관계 엔진**

- **EQ (Expertise Quotient)**
  - 실력과 전문성을 성장시키는 **역량 엔진**

- **BQ (Body Quotient)**
  - 에너지를 관리하고 지속하는 **에너지 엔진**

이 일곱 엔진은 서로 연결되어 있으며, 균형 있게 작동할 때 삶은 버티는 구조가 아니라 스스로 움직이는 구조가 됩니다. 우리는 종종 한 가지 영역만 과열시키며 살아갑니다. 성과만 밀어붙이거나, 열정만 붙잡거나, 의지만으로 버티려 합니다. 그러나 인생은 단일 엔진이 아니라 여러 힘이 함께 작동할 때 비로소 안정적으로 전진합니다. 중요한 것은 완벽함이 아니라 균형입니다. 어느 하나만 과열되거나 멈추면 전체 리듬은 쉽게 흔들릴 수 있습니다. 이제부터 우리는 이 엔진들을 하나씩 점검하며, 잊고 있던 회로를 다시 연결하게 될 것입니다.

엔진과 회로 — 삶을 멈추지 않게 하는 두 축

엔진은 힘을 만듭니다. 회로는 그 힘이 끊기지 않도록 흐르게 합니다. 한 번의 결심은 순간적인 점화일 수 있지만, 반복되는 회로가 없으면 엔진은 곧 멈춥니다. 그래서 7Q는 각 엔진마다 공통적으로 네 개의 회로를 가집니다. 회로란 특별한 기술이 아니라, 매일 반복되는 작은 선택과 리듬입니다.

- **SQ — 의미의 방향을 흐르게 하는 회로**
- **PQ — 감정의 전압을 안정시키는 회로**
- **IQ — 사고의 흐름을 연결하는 회로**
- **CQ — 인격의 중심을 유지하는 회로**
- **NQ — 관계의 연결을 지속시키는 회로**
- **EQ — 실행과 성장을 반복시키는 회로**
- **BQ — 에너지를 공급하고 회복시키는 회로**

엔진만 있고 회로가 없으면 곧 멈춥니다. 반대로 회로만 있고 엔진이 없으면 방향 없이 반복될 뿐입니다. 삶은 이 두 축이 함께 있을 때 오래 움직입니다. 잠시 멈추고 스스로에게 물어보십시오. 지금 내 삶에서 가장 약하게 흐르고 있는 회로는 무엇입니까? 어쩌면 당신이 지친 이유는 엔진이 고장 나서가 아니라 회로 하나가 잠시 끊어졌기 때문일지도 모릅니다.

어떤 회로가 약해져 있는지를 알아차리는 순간, 우리는 처음으로 삶을 '감정'이 아니라 '구조'로 보기 시작합니다. 그리고 구조를 이해할 때 비로소 점검과 회복이 가능합니다. 이 책에서 다루는 7Q 인생 운영체제(7Q OS) 마스터 테이블은 삶을 움직이는 전체 구조를 한눈에 보여 주는 설계도입니다. 구조를 이해하는 순간, 문제는 '나'가 아니라 '시스템'이라는 사실이 보이기 시작합니다. 지금 이 순간 모든 것을 이해하려 애쓰지 않아도 괜찮습니다. 앞으로 이어질 장들 속에서 우리는 이 구조를 하나씩 펼쳐 보게 될 것입니다.

엔진이 멈출 때 나타나는 신호

리더십은 재능으로 시작될 수 있지만, 오래 가게 만드는 것은 구조입니다. 삶과 사명이 흔들리지 않으려면 일곱 개의 엔진이 함께 직동해야 합니다. 그러나 한 엔진이라도 멈추기 시작하면, 전체 균형은 생각보다 조용하게 무너지기 시작합니다. 이 신호를 '감정'으로만 해석하면 자책이 되지만, '구조'로 해석하면 점검이 됩니다.

- 의미 엔진이 꺼지면 방향이 흐려지고
- 긍정 엔진이 약해지면 회복이 늦어지며
- 사고 엔진이 둔해지면 판단이 흔들리고
- 인격 엔진이 약해지면 신뢰가 무너지며
- 관계 엔진이 멈추면 고립이 시작되고

- **· 역량 엔진이 식으면 실행이 따라오지 않으며**
- **· 에너지 엔진이 고장 나면 끝까지 갈 수 없습니다.**

이 변화는 갑자기 오지 않습니다. 대부분 천천히, 그러나 분명한 신호로 먼저 찾아옵니다. 대표적인 신호는 이렇습니다.

삶의 엔진이 약해질 때 나타나는 신호

엔진	나타나는 신호
SQ (의미 엔진)	공허함 · 방향 상실 · 동기 저하
PQ (긍정 엔진)	냉소적 태도 · 정서적 피로 · 회복력 약화
IQ (사고 엔진)	결정 지연 · 사고 혼란 · 집중력 저하
CQ (인격 엔진)	감정적 반응 증가 · 신뢰 약화 · 자기 성찰 감소
NQ (관계 엔진)	관계 단절 · 고립감 증가 · 소통 회피
EQ (역량 엔진)	무기력 · 성장 정체 · 실행력 저하
BQ (에너지 엔진)	만성 피로 · 수면 불균형 · 에너지 고갈

이 표는 단순한 개념 정리가 아닙니다. 실제 삶에서 어떤 엔진이 약해질 때 어떤 신호가 나타나는지 이해할 때, 이 구조는 더욱 선명해집니다.

질문을 바꿀 때, 삶의 엔진은 다시 움직이기 시작한다

우리는 지금까지 이렇게 물어왔습니다. "나는 얼마나 더 노력해야 할까?" "조금만 더 버티면 괜찮아질까?" 그러나 이제 질문은 바뀌어야 합니다. "내 삶은 어떻게 하면 다시 자연스럽게 움직일 수 있을까?"

이 책은 더 애쓰는 방법을 말하지 않습니다. 더 강한 의지를 요구하지도 않습니다. 삶이 스스로 움직이도록 끊어진 구조를 다시 연결하는 방법을 다룹니다. 어쩌면 당신이 멈춘 이유는 노력 부족이 아니라, 회로 하나가 잠시 끊어졌기 때문일지도 모릅니다.

이제부터 우리는 일곱 개의 엔진을 하나씩 점검하고 연결하게 될 것입니다. 그 시작은 모든 방향을 결정하는 첫 번째 엔진, SQ — 의미 엔진입니다.

**삶은 더 밀어붙일 때가 아니라,
다시 작동하도록 설계될 때 오래 갑니다.**

지금, 당신 삶에서 가장 조용히 멈춰 있는 엔진은 무엇입니까?

지혜의 묵상
*"다이아몬드는 모든 면이 다듬어질 때 빛난다.
삶도 모든 엔진이 연결될 때 오래 빛난다."*

— 홍영기

인생을 다시
움직이는 7개의
리더십 엔진

3장 SQ – 의미 엔진
방향 | 나는 왜 이 일을 하는가

> 사람은 힘이 없어서 멈추지 않습니다.
> 왜 가야 하는지 잊을 때 멈추기 시작합니다.
> 의미는 삶을 끝까지 움직이는 가장 근본적인 엔진입니다.

의미를 불든 사람은 끝까지 무너지지 않는다

　1942년, 오스트리아의 젊은 정신과 의사였던 빅터 프랭클(Viktor Frankl)은 제2차 세계대전 중 나치 정권에 의해 가족과 함께 강제수용소로 보내졌습니다. 그는 유대인이었고, 당시 유럽 전역에서 수많은 유대인들이 이름도, 직업도, 삶의 이야기들도 빼앗긴 채 번호로만 불리며 살아가야 했습니다.

· 프랭클이 지나온 수용소들에는 극심한 굶주림과 추위, 폭력과 두려움이 가득했습니다. 인간의 존엄이 가장 처절하게 무너지는 공간, 내일을 기대할 수 없는 하루가 끝없이 반복되는 현실이었습니다. 아우슈비츠 강제수용소(Auschwitz concentration camp) 같은 장소는 단순한 감옥이 아니라 사람의 희망 자체를 꺾기 위해 존재하는 곳이었습니다.

　그런데 프랭클은 그곳에서 한 가지를 주목하게 됩니다. 같은 환경 속에서도 어떤 사람은 끝까지 삶을 붙들고 버텼고, 어떤 사람은 점점 무너져 갔다는 사실이었습니다. 차이는 체력이나 지능, 배경이 아니었습니다. 그 차이는 단 하나, "왜 살아야 하는가"에 대한 이유였습니다.

프랭클은 수용소 생활 속에서도 마음속으로 하나의 장면을 반복해서 떠올렸다고 전해집니다. 전쟁이 끝난 뒤 다시 강단에 서서, 자신이 겪은 고통의 의미를 사람들에게 설명하는 모습. 그리고 사랑하는 사람을 다시 만나 살아남은 이야기를 전하는 장면. 현실에서는 아무것도 보이지 않았지만, 그 '미래의 의미'가 그의 내면을 붙들어 주었습니다.

그는 훗날 이렇게 말합니다. "삶의 이유(Why)를 아는 사람은 어떤 방식의 어려움도(How) 견딜 수 있다." 환경이 바뀌어서가 아니었습니다. 고통이 사라졌기 때문도 아니었습니다. 그를 살린 것은 삶의 의미, 다시 말해 방향이었습니다. 이것이 바로 SQ, 의미 엔진의 힘입니다. 이 이야기는 우리에게 조용히 질문을 던집니다.

지금 나는 무엇을 위해 살아가고 있는가?
나는 '왜'가 있는 삶을 살고 있는가?

어쩌면 지금 당신이 느끼는 피로는 일이 많아서가 아니라, '왜'라는 질문에 대답하지 못한 채 달려왔기 때문인지도 모릅니다. 사람은 지쳐서 멈추는 것이 아니라, 의미를 잃었을 때 멈추기 시작합니다.

의미는 삶을 끝까지 움직이는 엔진이다

SQ(Spirituality Quotient)는 흔히 '영성 지수'라고 불립니다. 그러나 이 책에서 말하는 SQ는 일시적인 은혜의 체험이나 종교적 감동에 머무르지 않습니다. SQ는 삶의 근본적인 질문, 곧 "나는 왜 살아가는가?"에 답하게 하는 삶의 방향 엔진, 다시 말해 '의미 엔진'입니다.

우리는 하루에도 수많은 결정을 내립니다. 언제 일어날지, 어디에 시간을 쓸지, 누구를 만나고 무엇을 선택할지 — 삶은 크고 작은 선택의 연속입니다. 그리고 그 모든 선택 뒤에는 하나의 보이지 않는 질문이 숨어 있습니다. "나는 왜이 일을 하고 있는가?" 이 질문에 대한 답이 있을 때 사람은 흔들려도 다시 중심을 찾습니다. 지치더라도 무너지지 않고, 결과가 보이지 않아도 계속 걸어갈 이유를 발견합니다. 의미는 감정을 넘어 삶 전체를 붙드는 구조가 되기 때문입니다.

반대로 방향의 의미가 사라지면 삶은 빠르게 소모됩니다. 바쁘게 움직이고 성과가 쌓여도 마음 한편에는 설명하기 어려운 공허함이 남습니다. 겉으로는 잘 달리고 있는데도 어딘가 멈춰 있는 듯한 느낌이 찾아옵니다. 이것은 능력의 문제가 아니라, 중심 엔진이 약해졌다는 신호일 수 있습니다.

SQ는 바로 이 지점을 다룹니다. SQ는 단지 종교적 열심을 말하는 것이 아니라, 삶을 의미로 연결하는 능력입니다. 고난 속에서도 방향을 잃지 않게 하고, 성과가 없어도 자신을 무너뜨리지 않게 하는 내면의 중심축입니다.

사람은 환경 때문에 먼저 무너지는 것이 아닙니다. 대부분은 '왜'를 잃어버릴 때 멈추게 됩니다. 그래서 SQ는 선택의 기준이 되고, 인생의 방향을 결정하며, 다른 모든 엔진이 올바르게 작동하도록 이끄는 첫 번째 엔진입니다. 그렇다면 질문은 하나로 모입니다. 삶을 끝까지 움직이게 하는 이 '의미의 힘'은 왜 그렇게 중요한 것일까요?

속도가 아니라 방향이 인생을 결정한다

오늘 우리는 이전 세대보다 훨씬 많은 기회 속에 살아갑니다. 정보는 넘치고 선택지는 많아졌으며, 기술은 삶의 속도를 더욱 빠르게 만들었습니다. 그런데 역설적으로 방향을 잃은 사람은 오히려 더 많아졌습니다. 이유는 단순합니다. 우리는 "어떻게 잘 살 것인가"는 배웠지만, "왜 살아야 하는가"는 충분히 배우지 못했기 때문입니다. 많은 사람들이 이렇게 말합니다.

"이게 정말 내가 원하는 삶인지 모르겠어요."
"열심히 살고 있는데 왜 이렇게 공허할까요?"
"멈추면 무너질 것 같아서 계속 달리고 있습니다."

이것은 게으름의 문제가 아닙니다. 의미 엔진, 곧 SQ가 약해졌다는 신호입니다. SQ가 없는 성취는 높이 올라갈수록 더 큰 공허를 만듭니다. 방향 없는 속도는 결국 스스로를 소모시키는 경쟁으로 변하기 때문입니다.

1. 우리가 진짜로 원하는 것은 '성공'이 아니라 '의미'다

사람은 돈을 원한다고 말하지만, 사실은 존재의 가치를 원합니다. 인정받고 싶어 하지만, 그 깊은 곳에는 '나는 의미 있는 사람인가'라는 질문이 자리하고 있습니다. 그래서 SQ는 단순한 심리 개념이 아닙니다. SQ는 삶을 해석하는 방식, 즉 인생의 해석 구조입니다. SQ가 살아 있으면 실패는 훈련이 되고, 지연은 준비가 되며, 고난은 메시지가 됩니다. 그러나 SQ가 꺼지면 작은 일에도 쉽게 흔들리고, 비교에 지치며, 결국 자기 자신을 부정하게 됩니다.

2. SQ는 질문을 바꾼다

SQ가 약한 사람은 이렇게 묻습니다. "왜 나만 이렇게 힘들까?" 하지만 SQ가 살아 있는 사람은 이렇게 질문합니다. "이 시간은 나를 무엇으로 빚고 있는가?" 같은 현실이라도 질문이 달라지면 해석이 달라지고, 해석이 달라지면 삶의 방향도 달라집니다. 그래서 SQ는 행동 이전에 작동하는 첫 번째 엔진입니다. "나는 속도를 높이는 사람이 아니라, 방향을 설계하는 사람이다." 속도는 경쟁을 만들지만, 방향은 평안을 만듭니다.

이제부터 우리는 이 의미 엔진(SQ)을 삶 속에서 실제로 작동시키는 네 개의 핵심 회로를 살펴보게 될 것입니다. SQ는 단순한 개념이 아니라, 반복되는 선택 속에서 방향을 유지하도록 돕는 구조입니다. 그리고 이 네 개의 회로가 균형 있게 연결될 때, 삶은 반응이 아니라 '의미 있는 방향'으로 움직이기 시작합니다.

방향을 알아도 사람은 왜 지치고 멈추는가

방향이 분명한데도 지치는 사람들이 있습니다. 사명도 알고, 가치도 말할 수 있으며, 미래에 대한 비전도 가지고 있습니다. 그럼에도 어느 순간 삶이 더 이상 앞으로 밀리지 않는 느낌을 경험합니다. 문제는 방향이 없는 것이 아닙니다. 방향을 지탱할 내면과의 연결이 끊어져 있기 때문입니다.

영국의 작가 루이스(C.S.Lewis)는 많은 사람들에게 희망의 언어를 전하던 인물이었습니다. 그러나 사랑하는 아내 조이 데이비드먼(Joy Davidman)을 골수암으로 잃은 뒤, 그는 깊은 절망 속으로 무너져 내렸습니다. 그는 일기장에 이렇게 남깁니다. "하나님은 침묵하신다. 문은 닫혀 있고, 안에서는 아무 대답도 들리지 않는다." 이 고백은 훗날 『헤아려 본 슬픔』(A Grief Observed)이라는 책이 되었습니다.

중요한 것은 그가 슬픔을 신앙으로 덮지 않았다는 사실입니다. 그는 고통을 부정하지 않았고, 자신의 감정을 숨기지도 않았습니다. 오히려 내면과 정직하게 마주했습니다. 그리고 그 과정 속에서 그는 이렇게 깨닫습니다. "슬픔은 사랑의 또 다른 얼굴이다." 그 순간 그의 믿음은 다시 숨을 쉬기 시작했습니다. 방향을 다시 찾았기 때문이 아니라, 자기 내면과 다시 연결되었기 때문입니다.

많은 리더들이 바로 이 지점에서 멈춥니다. 사명을 말하면서도 자신의 감정을 외면하고, 가치를 강조하면서도 마음의 상처를 묻어 둡니다. 겉으로는 계속 움직이는 것처럼 보이지만, 내면에서는 이미 의미 에너지의 흐름이 차단된 상태가 됩니다.

SQ는 단순히 '왜 살아야 하는가'를 아는 능력이 아닙니다. SQ는 자기 내면과 연결된 상태에서 삶의 방향을 유지하는 힘입니다. 내면과 단절된 방향은 오래 지속되지 못합니다. 그래서 SQ는 결심이 아니라 구조가 필요합니다.

우리는 지금까지 한 가지를 확인했습니다. 사람이 멈추는 이유는 방향이 없어서가 아니라, 방향을 지탱하는 내면의 회로가 끊어졌기 때문이라는 사실입니다. 의미는 감정이 아니라 구조이며, 그 구조는 우연히 만들어지지 않습니다. 삶을 붙들고 있는 핵심 질문들이 반복될 때, 비로소 의미는 엔진처럼 작동하기 시작합니다.

그리고 이제 의미는 구조가 된다

SQ는 거창한 철학이 아닙니다. 매일의 선택 속에서 나는 누구인지, 무엇을 위해 사는지, 무엇을 기준으로 선택하는지, 그리고 어떤 미래를 향해 가는지를 지속적으로 연결해 주는 작동 시스템입니다. 이제부터 우리는 삶의 방향을 실제로 움직이게 만드는 SQ의 네 가지 회로를 하나씩 살펴보게 될 것입니다. 그리고 이 과정을 통해, 지금까지 희미하게만 느껴졌던 자신의 '왜(Why)'가 다시 선명해지는 순간을 만나게 될지도 모릅니다.

SQ의 4대 회로 도표

번호	회로명	한 줄 질문	핵심 기능
1	정체성 회로	나는 누구인가	삶의 뿌리와 존재 인식을 세우는 회로
2	사명 회로	나는 무엇을 위해 사는가	삶의 이유와 방향을 정렬하는 회로
3	가치 회로	나는 무엇을 기준으로 선택하는가	선택과 해석의 기준을 형성하는 회로

번호	회로명	한 줄 질문	핵심 기능
4	비전 회로	나는 어떤 미래를 향해 가는가	삶의 장기 방향과 서사를 그리는 회로

SQ는 의미를 찾는 감정이 아니라 삶의 방향을 세우는 '질문 구조'입니다. 정체성·사명·가치·비전의 네 회로가 함께 작동할 때, 우리는 반응이 아니라 선택으로 살아가게 됩니다. 이제, 첫 번째 회로부터 들어가겠습니다.

SQ 1회로: 정체성 회로
의미를 통해 정체성을 다시 점검하다

전 세계적으로 5억 부 이상 판매된 『해리 포터』 시리즈의 작가, 조앤 롤링(J.K. Rowling)은 한때 모든 것을 잃은 것처럼 보였습니다. 이혼 후 어린 딸을 홀로 키우며 정부 보조금에 의지해 살았고, 카페 한쪽에서 원고를 쓰던 무명의 작가였습니다. 출판사로부터 거절 편지를 반복해서 받았고, 미래는 불투명했습니다. 그녀는 훗날 이 시기를 "내 인생의 바닥"이라고 회고했습니다.

어느 날 그녀는 스스로에게 질문했습니다. "나는 실패한 사람인가?" 그 순간 그녀는 자신을 다시 정의했습니다. "나는 실패자가 아니라, 작가이다." 환경은 그녀를 '가난한 싱글맘'으로 규정하려 했지만, 그녀는 자신을 '이야기를 쓰는 사람'으로 정의했습니다. 세상이 붙인 이름이 아니라, 스스로 선택한 이름으로 자신을 부르기 시작한 것입니다.

훗날 그녀는 이렇게 말했습니다. "바닥까지 내려갔기에, 나는 내 삶을 다시 세울 수 있었다." 그녀를 살려낸 것은 계약서가 아니었습니다. 베스트셀러도 아니었습니다. 그녀를 다시 움직이게 한 힘은 '나는 누구인가'에 대한 분명한 정의였습니다.

정체성 회로는 결과가 아니라 정의에서 시작됩니다. 상황이 바뀌기 전에, 먼저 내가 나를 어떻게 부르느냐가 바뀌어야 합니다. 정체성이 흔들리면 방향도 흔들립니다. 그러나 정체성이 분명하면 길이 늦어질 수는 있어도 사라지지는 않습니다.

정체성 회로란, 상황이 나를 정의하기 전에 내가 나 자신을 어떻게 바라보는지를 붙들어 주는 내면의 회로입니다. 이 회로가 멈추면 삶은 반복이 되고, 일은 소모가 되며, 고난은 의미 없는 짐처럼 느껴집니다. 그러나 이 회로가 살아 있으면 같은 하루도 다르게 읽히기 시작합니다. 실패는 낙인이 아니라 배움이 되고, 멈춤은 끝이 아니라 전환점이 됩니다.

우리는 가끔 이렇게 말합니다. "왜 이렇게 공허하지?" "그냥 버티는 중이에요." 이 말들은 의지 부족의 신호가 아닙니다. 어쩌면 정체성 회로가 잠시 약해졌다는 경고일지도 모릅니다. 그래서 오늘, 이 문장을 조용히 건네고 싶습니다.

내 삶에는 반드시 이유가 있다.

이 문장은 막연한 위로가 아닙니다. 당신의 내면에 다시 전류를 연결하는 회복의 선언입니다. 지금 겪고 있는 경험이 당신을 어떤 사람으로 빚어 가고 있는지 잠시 멈추어 생각해 보십시오. 그리고 그 질문 끝에서 이렇게 말할 수 있다면 충분합니다.

그래서 나는 내일도 이 삶을 선택한다.

정체성 회로는 삶을 쉽게 만들지는 않습니다. 그러나 삶이 무너지지 않도록 붙들어 주는 가장 깊은 버팀목이 됩니다. 지금 당신은 스스로를 어떤 이름으로 부르고 있습니까? 세상이 붙인 이름이 아니라, 당신이 선택한 이름은 무엇입니까? 정체성은 발견되는 것이 아니라 오늘 다시 선택될 때 살아납니다.

SQ 2회로: 사명 회로
나는 무엇을 위해 살아야 하는가?

독일의 신학자 디트리히 본회퍼(Dietrich Bonhoeffer)에게는 두 가지 길이 있었습니다. 하나는 안전한 길이었습니다. 그는 이미 미국으로 망명할 수 있는 기회를 얻고 있었습니다. 전쟁의 한가운데를 떠나, 학자로서 조용히 연구하며 살아갈 수도 있었습니다. 그러나 그는 다시 독일로 돌아갑니다. 사람들이 물었습니다. "왜 그렇게 위험한 선택을 합니까?" 그의 대답은 분명했습니다. "내 민족의 고통 속에 서지 않는다면, 전후의 독일을 말할 자격도 없습니다."

그는 성공 가능성이 높은 길이 아니라, 자신이 옳다고 믿는 방향을 선택했습니다. 결국 그는 체포되어 플로센뷔르크 수용소(Flossenbürg Concentration Camp)에서 서른아홉의 나이에 생을 마칩니다. 처형을 앞둔 순간, 그는 이렇게 말했습니다. "이것은 끝이 아니라, 새로운 시작의 문이다." 그의 삶은 길지 않았습니다. 그러나 그의 방향은 끝까지 흔들리지 않았습니다.

우리에게도 비슷한 순간이 있습니다. 안전한 길과 옳다고 믿는 길 사이에서 고민할 때, 속도와 의미 사이에서 흔들릴 때 말입니다. 그때 우리를 붙드는 것은 재능이나 환경이 아니라, 내가 무엇을 위해 살아가는지에 대한 분명한 방향입니다.

사명 회로란 내가 무엇을 위해 살아야 하는지를 분명히 하는 내면의 방향 회로입니다. 이 회로가 살아 있으면 남의 속도에 흔들리지 않습니다. 남의 성공에 조급해지지 않습니다. 왜냐하면 자신의 좌표가 분명하기 때문입니다. 그러나 이 회로가 흐려지면 사람은 끊임없이 비교하고, 끊임없이 의심하며, 끊임없이 방황합니다.

"이게 정말 내가 가야 할 길인가?", "나는 왜 이렇게 뒤처진 것 같지?",

"지금 하는 일이 무슨 의미가 있지?"

이 상태는 방향이 없는 것이 아닙니다. 자신의 삶이 소명과 정렬되지 않은 상태입니다. 그래서 더 피곤합니다. 사명 회로는 위대한 일을 하라는 요구가 아닙니다. 지금 내가 하고 있는 선택이 내가 믿는 가치와 같은 방향을 향하고 있는지를 점검하라는 초대입니다. 그래서 이 질문 하나면 충분합니다.

"이 선택은 나의 부르심과 연결되어 있는가?"

이 질문이 살아 있는 한 인생은 길을 잃지 않습니다. 그리고 이 문장을 마음에 남겨 두셔도 좋겠습니다.

나는 성공이 아니라 부르심을 따라 걷는다.

속도는 느려질 수 있습니다. 그러나 부르심 위에 선 사람은 길을 잃지 않습니다. 사명은 삶을 편하게 만들지는 않지만, 끝까지 의미 있게 걷게 만드는 내면의 나침반이 됩니다. 그리고 이제 우리는 한 가지를 더 생각하게 됩니다. 사명이 방향이라면, 그 방향 속에서 매 순간의 선택을 결정하는 기준은 무엇일까요? 다음으로 살펴볼 SQ의 세 번째 회로는 바로 그 질문에 대한 답, 가치 회로입니다.

SQ 3회로: 가치 회로
나는 무엇을 기준으로 선택하는가?

미국의 토크쇼 진행자이자 미디어 리더인 오프라 윈프리(Oprah Winfrey)는 어린 시절 가난과 차별, 그리고 많은 어려움 속에서 자랐습니다. 방송계에

입문한 후에도 그녀는 수차례 실패를 경험했습니다. 한 방송국에서는 "감정적이고 뉴스 앵커에 맞지 않는다"는 이유로 해고되기도 했습니다.

그때 그녀에게 두 가지 선택이 있었습니다. 다른 사람들의 기준에 맞추기 위해 자신을 바꾸는 길, 혹은 자신이 중요하게 여기는 가치를 지키는 길이었습니다. 그녀는 후자를 선택했습니다. 완벽한 뉴스 진행자가 되기보다, 사람의 이야기와 감정을 진심으로 다루는 자신의 방식을 선택한 것입니다. 당시에는 약점으로 보였던 방식이 결국 그녀만의 강점이 되었고, 그녀는 세계에서 가장 영향력 있는 진행자 중 한 사람이 되었습니다.

그녀는 이렇게 말했습니다. "당신의 삶을 결정하는 것은 능력이 아니라, 무엇을 기준으로 선택하느냐이다." 가치 회로란 감정이나 환경이 아니라, 내가 붙든 핵심 가치를 기준으로 삶을 선택하도록 만드는 내면의 회로입니다. 감정은 늘 변합니다. 상황도 계속 달라집니다. 그러나 기준이 분명한 사람은 선택 앞에서 쉽게 무너지지 않습니다.

이 회로가 약해지면 삶에는 공통된 신호들이 나타납니다.

· **선택 뒤에 후회가 반복되고**
· **사람의 눈치를 보며 결정하고**
· **결정할수록 더 불안해집니다.**

결국 자기 삶을 살고 있으면서도, 남의 기준에 끌려다니게 됩니다.

가치 회로는 고통 없는 선택을 보장하지 않습니다. 그러나 선택의 이유를 끝까지 지켜낼 힘을 줍니다. 그래서 이 한 문장은 삶의 중심을 다시 세워줍니다.

나는 감정이 아니라 가치로 선택한다.

이 문장이 살아 있는 한, 선택은 더 이상 반응이 아니라 의미가 됩니다. 그리고 이제 우리는 자연스럽게 다음 질문 앞에 서게 됩니다. 가치가 선택의 기준이라면, 그 선택들이 결국 어디를 향하고 있는가는 무엇이 결정할까요? 다음으로 살펴볼 SQ의 네 번째 회로는 바로 그 질문에 대한 답, 비전 회로입니다.

SQ 4회로: 비전 회로
나는 어떤 미래를 향해 가고 있는가?

1985년, 애플(Apple)의 공동 창업자 스티브 잡스(Steve Jobs)는 자신이 세운 회사에서 쫓겨났습니다. 이사회와의 갈등 끝에 경영권을 잃고 회사를 떠나야 했습니다. 세상은 그를 실패한 천재라 불렀고, 그의 시대는 끝났다고 말했습니다. 그는 훗날 그 순간을 "내 인생에서 가장 공개적인 실패였다"고 회고했습니다. 깊은 좌절 속에서도 그는 한 가지를 깨닫습니다. "나는 여전히 내가 사랑하는 일을 하고 있다."

그는 멈추지 않았습니다. 새로운 회사 넥스트(NeXT)를 세웠고, 작은 애니메이션 스튜디오에 투자했습니다. 그 회사가 훗날 픽사(Pixar)가 됩니다. 당시에는 아무도 몰랐습니다. 실패처럼 보이던 시간들이 결국 미래의 혁신으로 연결될 것이라는 사실을.

1997년, 위기에 빠진 애플은 그를 다시 불러들입니다. 그는 돌아와 아이맥(iMac), 아이팟(iPod), 아이폰(iPhone)을 통해 기술 산업의 방향을 새롭게 정의했습니다. 그는 스탠퍼드 대학 졸업식에서 이렇게 말했습니다. "점들은 앞으로는 연결되지 않습니다. 뒤를 돌아볼 때 비로소 연결됩니다. 그래서 우리는 언젠가 그것들이 미래에서 이어질 것을 믿어야 합니다." 이 말은 지금 이해되지 않는 경험과 실패조차 시간이 지나면 하나의 의미로 연결된다는 믿음, 곧 비전의 본질을 말해 줍니다.

저 역시 많은 사람들의 성공과 실패를 가까이에서 보아 왔습니다. 그리고 저 자신도 넘어지고 방향을 잃을 듯한 시간을 지나며 한 가지를 깊이 깨닫게 되었습니다. 삶은 한 영역만 잘한다고 앞으로 나아가지 않는다는 사실이었습니다. 능력이 있어도 의미가 흔들리면 멈추고, 열정이 있어도 균형이 무너지면 길을 잃게 됩니다.

그때부터 제 마음속에는 하나의 질문이 자리 잡기 시작했습니다. 사람이 자신의 삶을 끝까지 의미 있게 살아가도록 돕는 길은 무엇일까? 그 질문 끝에서 7Q라는 비전이 태어났습니다. 누군가를 더 빠르게 달리게 하기 위한 것이 아니라, 지친 삶이 다시 방향을 찾고 각자의 자리에서 오래, 그리고 깊이 걸어가도록 돕고 싶은 마음이었습니다. 어쩌면 비전이란 거창한 꿈이라기보다, 넘어진 사람을 다시 일으켜 세우고 싶은 조용한 책임감에서 시작되는 것인지도 모릅니다.

비전은 지금의 상황이 아니라, 아직 보이지 않는 미래를 붙드는 힘입니다. 비전은 미래를 예측하는 능력이 아니라, 아직 보이지 않아도 방향을 잃지 않는 능력입니다. 비전 회로가 살아 있으면 오늘의 실패도 과정으로 읽히고, 흔들림 속에서도 길은 사라지지 않습니다. 그러나 이 회로가 꺼지면 냉소가 자리 잡고, 조급함이 삶을 지배하며, 결국 사람은 속도만 남은 채 방향을 잃게 됩니다. 그래서 우리는 스스로에게 묻게 됩니다.

나는 지금 어떤 미래를 향해 살고 있는가?
내가 하는 선택들은 나를 어디로 데려가고 있는가?"
내 삶이 끝난 뒤에도 남게 될 것은 무엇인가?

비전 회로가 살아 있는 사람은 오늘을 견디는 이유를 알고 있습니다. 그리고 그 이유는 결국 내일을 향해 다시 일어서게 만듭니다. 어쩌면 비전이란, 단지 미래를 보거나 기대하는 능력이 아니라 아직 보이지 않는 길을 끝까지 걸어가게 하는 믿음일지도 모릅니다. 그리고 그 믿음은 오늘의 작은 선택을 내일의 방향으로 바꾸는 힘이 됩니다.

SQ 엔진 통합 루틴
질문은 의미 엔진에 전류를 흘려보내는 스위치다

방향은 감정에서 나오지 않습니다. 방향은 질문에서 나옵니다. 사람은 사건 자체보다 그 사건을 어떤 질문으로 해석하느냐에 따라 살아갑니다. 같은 경험을 겪고도 어떤 사람은 무너지고, 어떤 사람은 다시 일어서는 이유가 여기에 있습니다. SQ 엔진은 삶의 방향을 다시 세우는 질문 시스템입니다. 더 열심히 살게 만드는 장치가 아니라, 어디를 향해 살아야 하는지를 분명하게 만드는 구조입니다.

① 정체성 점검 — 나는 누구인가

하루 속에서 나를 가장 흔들었던 순간 하나를 떠올려 보십시오. 그리고 스스로에게 묻습니다.

나는 지금 어떤 이름으로 나를 부르고 있는가?
상황이 아니라 나의 정체성으로 나를 바라보고 있는가?

정체성은 성취로 증명되는 것이 아니라, 반복해서 기억되는 것입니다.
자신을 어떻게 정의하느냐가 하루의 방향을 결정합니다.

② 사명 정렬 — 나는 무엇을 위해 살아가는가

오늘 했던 선택 하나를 떠올려 보십시오.

이 선택은 내가 믿는 부르심과 연결되어 있는가?
나는 남의 속도가 아니라 내 방향을 따라 걷고 있는가?

사명은 거창한 목표가 아니라, 반복되는 선택 속에서 드러나는 삶의 방향입니다.

③ 가치 선택 — 나는 무엇을 기준으로 결정하는가

갈등하거나 망설였던 순간을 생각해 보십시오.

나는 감정에 반응했는가, 아니면 가치에 따라 선택했는가?

가치는 혼란 속에서도 중심을 잃지 않게 하는 내면의 기준선입니다. 기준이 분명하면 상황은 흔들려도 방향은 흔들리지 않습니다.

④ 비전 연결 — 나는 어떤 미래를 향해 가고 있는가

오늘의 경험을 이렇게 다시 해석해 보십시오.

이 경험은 나를 어떤 사람으로 성장시키고 있는가?
지금의 길은 어떤 미래와 연결되어 있는가?

비전은 멀리 있는 꿈이 아니라 오늘을 견디게 하는 이유입니다. 이렇게 질문이 반복될 때, 의미는 생각이 아니라 움직이는 힘이 됩니다.

삶의 의미를 따라 걷다

방향이 바로 서면 삶은 다시 움직이기 시작합니다. 당신이 길을 잃은 것이 아닙니다. 오래된 질문의 방식으로 너무 오래 걸어왔을 뿐입니다. 사람을 멈추게 하는 것은 실패가 아닙니다. 왜 걷고 있는지를 잊게 만드는 질문의 공백입니다.

우리는 종종 더 강해져야 한다고 생각합니다. 더 버텨야 한다고, 더 빨리 달려야 한다고 말합니다. 그러나 삶을 다시 움직이게 하는 힘은 속도가 아니라 방향입니다. 방향은 감정이 아니라 의미에서 나오고, 의미는 우연이 아니라 질문에서 시작됩니다.

이제 새로운 질문 엔진을 켜십시오. 무너지지 않기 위해서가 아니라, 다시 어디로 가야 하는지를 알기 위해서입니다. 거창한 결심이 필요하지는 않습니다. 오늘 하루 단 하나의 질문만으로도 삶의 전류는 다시 흐르기 시작할 수 있습니다. 오늘, 당신 안의 SQ 엔진에 첫 전류를 흘려보내십시오. 그리고 조용히 이렇게 고백해 보십시오.

"나는 삶의 의미를 따라 살아간다."

그리고 그 의미는 당신의 내일을 다시 움직이게 할 것입니다. 그리고 어느 날 당신은 알게 될 것입니다. 삶은 더 밀어붙이는 것이 아니라, 의미가 살아날 때 조용히 움직이기 시작한다는 것을.

지혜의 묵상
"사람은 지쳐서 멈추는 것이 아니라,
살아야 할 이유를 잊을 때 멈춘다."
— 홍영기

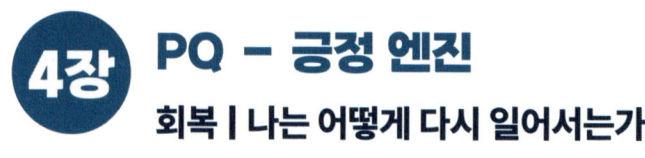

4장 PQ – 긍정 엔진
회복 | 나는 어떻게 다시 일어서는가

> 긍정은 단지 밝은 성격이 아닙니다.
> 무너질 때 다시 일어나는 해석의 힘입니다.
> PQ 는 마음을 다시 움직이게 하는 회복의 엔진입니다.

내 영혼은 밝습니다

어둠과 침묵 속에서 태어난 한 아이가 있었습니다. 그녀의 이름은 헬렌 켈러 (Helen Keller, 1880–1968)였습니다. 헬렌은 생후 19개월 되던 해, 갑작스러운 고열로 시각과 청각을 동시에 잃었습니다. 그날 이후 세상은 그녀에게 더이상 소리도, 빛도 주지 않았습니다. 아침이 와도 어두웠고, 누군가 곁에 있어도 느낄 수 없는 시간이 이어졌습니다.

분노와 혼란은 그녀의 일상이 되었습니다. 자신의 감정을 말로 표현할 수 없었던 헬렌은 바닥에 몸을 던지며 울부짖고, 식탁 위의 그릇을 쓸어내리며 세상과 싸웠습니다. 사람들은 그녀를 "통제할 수 없는 아이"라고 불렀고, 가족조차 점점 지쳐갔습니다. 그때, 한 젊은 여교사가 그녀의 집 문을 두드렸습니다. 그녀의 이름은 앤 설리번(Anne Sullivan). 훗날 사람들은 그녀를 "기적의 선생님"이라 부르게 됩니다.

설리번은 헬렌의 손을 붙잡고, 흐르는 물 아래에서 손바닥 위에 글자를 써 내려갔습니다.

W - A - T - E - R.
물, 그리고 '이름'.

처음에는 아무 반응이 없었습니다. 그러나 어느 순간 헬렌의 몸이 멈추었습니다. 손 위로 흐르는 차가운 감각, 그리고 반복되는 손가락의 움직임. 그 순간 그녀는 처음으로 깨달았습니다. "이 감각에도 이름이 있구나." 세상은 다시 열리기 시작했습니다.

그날 이후 헬렌은 마치 굶주린 사람처럼 언어를 흡수하기 시작했습니다. 문장과 개념, 감정과 관계, 그리고 '나'라는 존재까지. 수많은 어려움 속에서도 학업을 이어 간 그녀는 마침내 라드클리프 대학(Radcliffe College)을 졸업한 최초의 시청각 중복 장애인이 되었고, 이후 수십 권의 책을 집필하며 세계 곳곳에서 사람들에게 희망을 전했습니다. 그리고 그녀는 이렇게 말했습니다.

"나는 인생을 사랑합니다.
비록 내가 볼 수 없어도,
내 영혼은 밝습니다."

이 말은 단순한 감동적인 문장이 아닙니다. 이것은 그녀를 다시 일으켜 세운 내면의 엔진에 대한 고백입니다. 헬렌 켈러는 타고난 낙관주의자가 아니었습니다. 그녀 역시 절망과 분노, 고립 속에서 무너졌던 사람이었습니다. 그러나 그녀는 매일 감사의 마음을 기록하고, 자연의 감각을 느끼며, 하루를 긍정의 언어로 시작하고 마무리하는 루틴을 만들어 갔습니다. 그것은 순간적인 마음가짐이 아니라, 삶을 다시 움직이게 하는 구조였습니다.

헬렌 켈러의 삶은 우리에게 이렇게 묻습니다.

"당신의 인생에는 다시 일어나게 하는 엔진이 있는가?"

이제 우리는 그 엔진의 이름을 붙이려 합니다. 그것이 바로 PQ — 긍정 엔진입니다.

긍정은 감정이 아니라 해석의 엔진이다

헬렌 켈러의 이야기는 우리에게 한 가지 질문을 던집니다. 그녀는 어떻게 다시 일어날 수 있었을까요? 그 답은 단순합니다. 그녀의 삶 안에는 무너져도 다시 작동하는 내면의 힘, 곧 긍정 엔진(PQ)이 있었기 때문입니다. 우리는 흔히 긍정을 밝게 생각하는 태도, 낙관적인 말, 혹은 기분 좋은 감정으로 이해합니다. 그러나 그것만으로는 삶을 오래 버틸 수 없습니다. 감정은 상황에 따라 쉽게 흔들리기 때문입니다.

PQ(Positivity Quotient)는 단순히 기분을 바꾸는 기술이 아닙니다. 그것은 상황을 해석하는 내면의 구조입니다. PQ는 현실을 바꾸지 않지만, 그 현실이 나에게 어떤 의미가 되는지는 바꾸는 힘입니다. 같은 실패를 경험해도 어떤 사람은 좌절 속에 멈추고, 어떤 사람은 성장의 계기로 전환합니다. 그 차이는 능력이나 환경이 아니라, 해석의 구조—즉 PQ의 차이입니다.

삶은 멈춘 것이 아니다 엔진이 꺼졌을 뿐이다

오늘을 살아가는 많은 사람들은 이렇게 말합니다. "이유 없이 지쳐요." "다 잘하고 있는데도 공허해요." "왜 이렇게 쉽게 무너질까요?" 문제는 삶이 어려워서가 아닙니다. 회복할 구조가 없기 때문입니다. 자동차가 계속 달리려면 엔진이 필요하듯, 사람도 오래 살아가려면 내면을 다시 가동시키는 회복 구조가 필요합니다. 그리고 그 역할을 하는 것이 바로 PQ, 긍정 엔진입니다.

PQ는 실패와 상처를 새로운 의미로 다시 해석하게 만드는 내면의 엔진입니다. 같은 사건을 겪어도 어떤 사람은 멈추고, 어떤 사람은 다시 움직이는 이유가 여기에 있습니다.

PQ가 꺼지면 사람은 작은 비판에도 쉽게 무너지고, 한 번의 실패로 자신을 부정하며, 불확실한 미래 앞에서 금세 멈춰 서게 됩니다. 반대로 PQ가 살아 있으면 상황이 완전히 바뀌지 않아도 다시 움직이기 시작합니다. 삶을 바라보는 해석이 달라지기 때문입니다.

앞에서 살펴본 헬렌 켈러(Helen Keller)의 삶이 그 사실을 보여 줍니다. 그녀의 환경은 바뀌지 않았습니다. 그러나 그녀의 내면의 해석 구조는 바뀌었습니다. 그리고 바로 그 순간, 인생은 다시 전진하기 시작했습니다.

회복탄력성을 연구한 심리학자들은 공통적으로 말합니다. 사람을 무너뜨리는 것은 사건 그 자체가 아니라, 그 사건을 해석하는 방식이라고 말입니다. 결국 삶의 방향을 결정하는 것은 현실이 아니라 해석의 구조입니다.

남아프리카공화국의 지도자 넬슨 만델라(Nelson Mandela)는 이렇게 말했습니다. "나는 결코 지는 것이 아니다. 이기거나 배우거나 둘 중 하나다." 이 말은 긍정적인 감정을 강요하는 선언이 아닙니다. 고통을 다른 의미로 다시 읽어 내는 회복의 관점입니다. 바로 PQ가 작동할 때 가능한 태도입니다.

삶은 멈추지 않습니다. 그러나 회복 구조가 없으면 사람은 어느 순간 고장 난 엔진처럼 멈춰 버립니다. 뇌과학 연구에 따르면 부정적인 생각에 집중할수록 스트레스 호르몬인 코르티솔(cortisol) 분비가 증가하고 새로운 상황에 대한 적응 능력도 약해집니다. PQ는 선택이 아니라 필수입니다. 오래 가는 삶은 의지가 아니라 회복 구조 위에서 만들어집니다.

회복탄력성은 긍정 엔진이 만들어 내는 결과다

PQ가 살아 있는 사람에게 가장 먼저 나타나는 변화는 회복탄력성 (resilience)입니다. 회복탄력성이란 넘어지지 않는 능력이 아니라, 넘어졌을 때 다시 일어나는 속도와 깊이를 결정하는 힘입니다. 삶에는 누구에게나 실패와 상실, 비난과 배신, 예기치 못한 변화가 찾아옵니다. 중요한 것은 고난이 있느냐가 아니라, 고난 이후에 다시 움직일 수 있느냐입니다.

PQ가 약한 사람은 "왜 나에게 이런 일이?"라는 질문 속에 머물게 됩니다. 그러나 PQ가 작동하는 사람은 이렇게 묻습니다. "이 안에서 나는 무엇을 배우고 어떻게 다시 나아갈 수 있을까?" 질문이 바뀌는 순간, 감정의 방향이 바뀌고 행동의 에너지가 다시 흐르기 시작합니다. 그래서 PQ는 삶의 재시동 버튼과 같습니다. 사람에게는 다시 시작하게 만드는 내면의 구조가 필요합니다. PQ가 살아 있으면 다음과 같은 변화가 나타납니다.

PQ가 가져오는 변화

- 감정의 회복력 → 상처를 오래 붙잡지 않는다
- 관계의 회복력 → 갈등 속에서도 단절로 가지 않는다
- 도전의 회복력 → 실패를 포기의 이유로 삼지 않는다
- 미래의 회복력 → 불확실성 속에서도 희망을 잃지 않는다

긍정은 타고나는 성격이 아니라 설계되는 구조입니다. 사람은 반복되는 질문과 해석의 습관을 통해 자신의 내면 구조를 새롭게 만들어 갑니다. 작은 해석이 바뀌면 생각이 바뀌고, 생각이 바뀌면 결국 삶의 엔진도 다시 움직이기 시작합니다. 결국 삶을 움직이는 힘은 사건이 아니라, 그 사건을 해석하는 방식입니다.

그리고 이제 긍정은 구조가 된다

결국 긍정은 감정이 아니라 구조이며, 의지가 아니라 훈련입니다. 이제 우리는 이 긍정 엔진이 실제로 어떻게 작동하는지 살펴보려 합니다. PQ 엔진은 삶을 해석하는 네 개의 핵심 회로로 구성되어 있으며, 이 회로들이 함께 연결될 때 감정은 반응이 아니라 선택이 됩니다.

PQ 엔진 – 4대 회로 도표

번호	회로명	한 줄 질문	핵심 기능
1	자기 긍정 회로	나는 나 자신을 어떻게 바라보는가	자기 인식을 회복의 관점으로 전환하는 회로
2	타인 긍정 회로	나는 사람을 어떻게 해석하는가	사람을 부담이 아닌 동역자로 바라보게 하는 회로
3	역할 긍정 회로	나는 맡은 일을 어떻게 받아들이는가	일을 의미 있는 사명으로 재해석하는 회로
4	미래 긍정 회로	나는 지금과 내일을 어떻게 바라보는가	현재 환경과 미래를 함께 긍정적으로 해석하는 회로

사람을 무너뜨리는 것은 상황 그 자체가 아니라, 그 상황을 어떻게 해석하느냐입니다. PQ는 현실을 부정하는 낙관주의가 아닙니다. 현실을 직면하면서도 그것을 회복의 방향으로 다시 읽어 내는 해석의 힘입니다.

나는 나 자신을 어떻게 바라보는가?
사람을 어떤 시선으로 해석하는가?
맡은 일을 어떤 의미로 받아들이는가?
그리고 지금의 현실을 어떤 미래와 연결하는가?

이 네 가지 해석 회로가 함께 작동할 때, 사람은 쉽게 무너지지 않습니다. 낙관적인 사람이 아니라 다시 일어날 줄 아는 사람이 됩니다. 이제부터 우리는 삶의 회복탄력성을 실제로 움직이게 만드는 PQ의 네 가지 회로를 하나씩 살펴보게 될 것입니다.

PQ 1회로: 자기 긍정 회로
나는 다시 일어날 수 있는 사람이다

오늘날 우리는 버튼 하나로 방에 불을 켭니다. 너무 당연해서 그 빛이 어떻게 만들어졌는지 생각해 본 적조차 없습니다. 그러나 그 빛 뒤에는 한 사람의 끈질긴 실패와 반복이 있었습니다.

미국의 발명가 토마스 에디슨(Thomas Edison)은 전구를 실용화해 세상을 바꾼 인물로 알려져 있습니다. 그는 학교에서 "문제가 많은 아이"라는 평가를 받았고, 정규 교육도 오래 받지 못했습니다. 어린 시절부터 그는 수많은 시행착오를 겪으며 실험을 반복했습니다. 사람들은 그를 괴짜라고 부르기도 했습니다. 그러나 그는 한 가지 믿음을 놓지 않았습니다. 실패는 끝이 아니라 과정이라는 믿음이었습니다.

전구를 개발하던 시절, 그는 수천 번의 실험을 반복했습니다. 타버린 필라멘트, 깨진 유리구, 실패로 끝난 실험들이 실험실에 쌓여 갔습니다. 투자자들은 등을 돌렸고, 주변 사람들은 고개를 저었습니다. 사람들이 말했습니다. "당신은 수천 번이나 실패한 겁니다." 그때 에디슨은 이렇게 대답했습니다. "나는 실패하지 않았습니다. 작동하지 않는 방법을 배웠을 뿐입니다."

전구가 켜지지 않았을 뿐, 그의 가능성이 꺼진 것은 아니었습니다. 실패는 그의 정체성이 아니라 지나가고 있는 과정이었습니다. 여기서 우리는 한 가지 질문 앞에 서게 됩니다. 실패했을 때, 우리는 무엇을 잃었다고 느끼는가? 성과입니까, 아니면 나 자신입니까? 많은 사람들은 한두 번의 실수로 자신을 정의합니다. 거절을 당하면 '나는 안 되는 사람'이 되고, 비교를 당하면 '나는 부족한 사람'이 됩니다. 하나의 사건이 곧 자기 자신에 대한 판결문이 됩니다.

그러나 자기 긍정 회로는 그 판결에 서명하지 않는 힘입니다.

실패는 사건일 뿐입니다.
나는 아직 가능성입니다.

자기 긍정은 자신을 미화하는 능력이 아닙니다. 현실을 인정하되, 그 현실이 끝이 아니라는 사실을 기억하는 힘입니다. 넘어지지 않는 능력이 아니라, 넘어진 뒤에도 이렇게 말할 수 있는 힘입니다. "그래도 나는 다시 시작할 수 있다." 이 문장을 잃는 순간 사람은 넘어지는 것이 아니라, 그 자리에 머물게 됩니다.

우리는 종종 자신에게 가장 가혹한 판사가 됩니다. 타인에게는 위로를 건네면서도, 자신에게는 한 번의 실수로 유죄를 선고합니다. 그러나 인생은 재판정이 아닙니다. 인생은 훈련장입니다. 어떤 사람은 하루를 마치며 조용히 이렇게 말합니다. "나는 지금도 성장 중이다." 그 말이 당장 하루를 바꾸지는 않을지 모릅니다. 그러나 그 말이 쌓이면, 사람은 자신을 포기하지 않는 사람이 됩니다.

그래서 질문은 이것입니다. "나는 요즘 나 자신에게 어떤 말을 건네고 있는가" "그 말은 나를 앞으로 걷게 만드는가, 아니면 그 자리에 붙잡아 두는가." 자기 긍정 회로는 기분이 좋을 때만 작동하는 장치가 아닙니다. 모든 것이 무너진 것처럼 느껴질 때에도 마지막까지 남아 있는 회복의 안전장치입니다. 완벽하지 않아도 괜찮습니다. 중요한 것은 이것입니다.

나는 다시 일어날 수 있는 사람인가?

이 질문에 "예"라고 대답할 수 있다면, 당신의 인생은 아직 끝나지 않았습니다.

PQ 2회로: 타인 긍정 회로
사람은 문제가 아니라 가능성이다

아브라함 링컨(Abraham Lincoln)은 여러 차례 선거에서 낙선한 정치인이었습니다. 사업에 실패했고, 정치적으로도 수없이 패배했습니다. 그러나 그는 그 실패를 사람을 평가하는 기준으로 삼지 않았습니다. 대통령이 된 후, 그는 자신을 공개적으로 조롱했던 정적들을 내각에 불러들였습니다. 그중에는 "링컨이 대통령이 되면 미국은 끝난다"고 말했던 윌리엄 슈어드(William H. Seward)도 있었습니다.

참모들은 반대했습니다. "저 사람은 우리 편이 아닙니다." "대통령님을 무시했던 사람입니다." 그러나 링컨은 이렇게 말했습니다. "그는 실패자가 아니다. 이 나라를 위해 일할 능력이 있는 사람이다." 링컨은 사람을 과거의 언행으로 고정시키지 않았습니다. 그는 사람을 과거나 현재의 평가가 아니라, 앞으로 될 수 있는 존재로 보았습니다.

타인 긍정 회로는 사람을 문제로 규정하지 않는 힘입니다. 사람은 고정된 결론이 아니라, 열려 있는 가능성입니다. 우리가 누군가를 어떻게 보느냐가 그 사람이 스스로를 어떻게 보게 될지를 결정하는 경우가 많습니다. 사람은 자신을 믿어주는 눈빛 앞에서 조금 더 나은 선택을 하게 됩니다. 반대로, 이미 포기당했다고 느끼는 순간 변화의 이유를 잃어버립니다.

이 회로가 꺼지면 우리는 이렇게 말하기 시작합니다. "저 사람은 원래 그래." "변할 수 없어." "기대할 필요도 없어." 이 말들은 사실처럼 들리지만 관계를 서서히 얼려 버리는 언어입니다. 타인 긍정은 사람의 한계를 모르는 순진함이 아닙니다. 그 한계를 전부라고 단정하지 않는 용기입니다. 링컨이 불러들였던 정적들은 완벽한 사람들이 아니었습니다. 그러나 그들 중 일부는 미국을 지탱하는 핵심 인물로 성장했습니다. 사람을 믿어주는 시선이 사람을 바꾸는 경우가 있기 때문입니다.

그래서 질문은 이것입니다. 나는 요즘, 누군가를 이미 끝난 사람처럼 대하고 있지는 않은가. 그 사람에게서 가능성 대신 문제만 보고 있지는 않은가. 어쩌면 우리는 타인을 포기하면서 관계만 잃는 것이 아니라 우리 자신의 확장 가능성까지 함께 포기하고 있는지도 모릅니다.

타인 긍정 회로는 단지 관계를 부드럽게 만드는 기술이 아닙니다. 세상을 더 넓게 살아가기 위한 내면의 선택입니다. 오늘, 이 문장을 조용히 마음에 남겨 두셔도 좋겠습니다.

사람은 변할 수 있다.
그리고 나는 그 가능성을 보는 사람이다.

이 문장이 당장 관계를 바꾸지는 않을지 모릅니다. 그러나 이 문장이 쌓이면, 당신은 어느 순간 사람을 살리는 시선을 가진 사람이 되어 있을 것입니다.

PQ 3회로: 역할(일) 긍정 회로
내가 맡은 일에는 반드시 의미가 있다

하워드 슐츠(Howard Schultz)는 세계적인 커피 브랜드 스타벅스를 만든 인물입니다. 그는 미국 브루클린의 가난한 가정에서 자랐습니다. 무릎 부상으로 일자리를 잃고 좌절하던 아버지의 모습을 보며, 그는 한 가지 질문을 품었습니다. "일은 사람을 무너뜨리는 것일까, 세우는 것일까?" 대학 졸업 후 그는 작은 커피 회사에서 영업을 시작했습니다. 낡은 커피 머신을 들고 다니며 하루에도 수십 번씩 거절을 당했습니다. 사람들은 말했습니다. "커피로는 큰 일 못 합니다."

그러나 슐츠는 자신의 일을 다르게 해석했습니다. 그는 커피를 파는 사람이 아니라, 사람이 머물 공간을 만드는 사람이라고 생각했습니다. 그 해석이 그의 태도를 바꾸었고, 그 태도가 회사의 방향을 바꾸었습니다. 같은 일을 하면서도 어떤 사람은 지치고, 어떤 사람은 살아납니다. 차이는 능력이 아니라 해석입니다.

역할 긍정 회로는 일을 짐이 아니라 의미로 해석하는 힘입니다. 사람은 의미 없는 일을 오래 견디지 못합니다. 그래서 이렇게 말하기 시작합니다. "먹고살려고 하는 거지." "어차피 대체 가능한 일." "보람은 없어도 월급은 나오니까." 이 말들은 현실적인 것처럼 보이지만 조금씩 우리를 안에서부터 비워 갑니다. 일이 문제인 경우보다, 일을 해석하는 언어가 문제인 경우가 더 많습니다.

물론 모든 일이 늘 즐거울 수는 없습니다. 그러나 이 질문은 남아 있어야 합니다. "이 일이 누구에게, 어떤 방식으로 조금이라도 도움이 되고 있는가?" 그 질문이 살아 있는 순간, 일은 생계가 아니라 의미를 담는 그릇이 됩니다. 역할 긍정 회로는 직업을 당장 바꾸라는 말이 아닙니다. 지금 하고 있는 일 안에서 아직 발견하지 못한 의미를 다시 찾으라는 초대입니다. 그래서 이 질문 하나를 마음에 남겨 두셔도 좋겠습니다.

내가 하는 이 일은,
지금 어떤 의미로 내 삶에 남고 있는가?

이 질문이 사라지지 않는 한, 당신의 일은 아직 끝나지 않았습니다.

PQ 4회로: 미래 긍정 회로
지금 이 자리도 다가올 나를 준비하는 무대다

1597년 임진왜란 당시 조선 수군은 거의 궤멸 상태에 놓여 있었습니다. 일본의 대규모 침략으로 대부분의 전함이 사라졌고, 바다에는 겨우 열두 척의 배만 남았습니다. 조정은 전의를 잃었고, 백성들은 패배를 예감했습니다. 많은 이들이 말했습니다. "이제는 끝났다." 그때 조선의 장군 이순신(李舜臣)은 이렇게 보고합니다. "아직 신에게는 열두 척의 배가 남아 있사옵니다."

이 말은 단순한 보고가 아니었습니다. 절망적인 현실을 다시 해석하는 선언이었습니다. 대부분의 사람들에게 열두 척은 '부족한 숫자'였지만, 그에게는 '다시 시작할 수 있는 기반'이었습니다. 그는 병사들의 마음을 다잡고, 울돌목의 물살과 지형을 연구하며, 작은 가능성을 전략으로 바꾸었습니다. 그리고 결국 명량 해전에서 그 열두 척은 수적으로 훨씬 우세한 왜군을 물리치는 기적 같은 승리를 만들어 냈습니다.

미래 긍정 회로란 현실을 부정하는 낙관주의가 아닙니다. 지금 가진 것이 적어도, 지금 서 있는 자리가 불리해 보여도 이 시간이 헛되지 않다고 믿는 힘입니다. "이 상황도 나를 준비시키고 있다." 이 한 문장을 붙드는 순간, 사람은 완전히 무너지지 않습니다.

어쩌면 지금 당신이 서 있는 자리는 성공의 무대가 아니라 훈련의 현장일지도 모릅니다. 그러나 훈련 없이 만들어지는 미래는 없습니다. 중요한 것은 상황의 크기가 아니라, 그것을 어떻게 해석하느냐입니다. 그래서 질문은 이것입니다. "지금 내게 남아 있는 것은 무엇인가." 그리고 더 중요한 질문은 이것입니다.

나는 이 '열두 척'으로 무엇을 준비하고 있는가?

이 질문을 붙들 수 있다면, 당신의 미래는 이미 다시 움직이기 시작한 것입니다. 미래는 어느 날 갑자기 열리는 문이 아닙니다. 미래는 지금 이 자리에서, 보이지 않게 조용히 준비됩니다.

PQ 엔진 통합 루틴
감사는 긍정 엔진에 전류를 흐르게 한다

긍정은 감정이 아닙니다. 긍정은 해석의 구조이며, 그 구조를 실제로 움직이게 하는 가장 강력한 훈련이 바로 감사입니다. 감사는 현실을 부정하는 태도가 아니라, 현실 속에서도 의미를 발견하는 해석의 선택입니다. 많은 심리학 연구와 실제 사례들은 감사가 회복탄력성을 높이고 정서적 회복 속도를 빠르게 만든다는 사실을 보여줍니다. 감사는 한 번의 감정이 아니라 반복되는 습관이며, PQ 엔진의 네 회로 전체를 연결하는 공통 전류입니다.

① 자기 긍정 회로 — 나 자신을 향한 감사

하루 속에서 스스로를 비난했던 순간을 떠올려 보십시오. 그리고 이렇게 질문합니다.

오늘 내가 잘 해낸 작은 한 가지는 무엇인가?
지금의 나에게 고마움을 말할 수 있는 부분은 무엇인가?

짧게 기록해 보십시오.

"오늘 나는 _____ 를 해냈다."

자기 감사는 자신을 미화하는 것이 아니라, 가능성을 잃지 않게 하는 회복의 시작입니다.

② 타인 긍정 회로 — 관계를 향한 감사

오늘 만난 사람 중 감사할 이유가 있는 사람 한 명을 떠올려 보십시오.

그 사람 덕분에 편안했던 순간은 무엇이었는가?
내가 당연하게 여겼던 도움은 무엇이었는가?

짧은 감사 표현을 마음속으로라도 해 보십시오.

"그 사람 덕분에 오늘이 조금 더 따뜻했다."

감사는 관계의 긴장을 줄이고, 사람을 문제에서 선물로 다시 바라보게 합니다.

③ 역할 긍정 회로 — 맡겨진 일에 대한 감사

오늘 부담스럽게 느껴졌던 일을 떠올려 보십시오.

이 일이 나를 어떤 사람으로 훈련시키고 있는가?
내가 성장할 기회를 주는 요소는 무엇인가?

그리고 이렇게 적어 보십시오.

"이 역할은 나를 _____ 로 성장시키고 있다."

일에 대한 감사는 소모를 의미로 바꾸는 전환점이 됩니다.

④ 미래 긍정 회로 — 아직 오지 않은 것에 대한 감사

하루를 마무리하며 이렇게 질문해 보십시오.

오늘의 경험이 내일 어떤 좋은 결과로 이어질 수 있을까?
아직 보이지 않지만 기대할 수 있는 것은 무엇인가?

그리고 짧게 기록합니다.

"아직 오지 않았지만, 나는 _____를 기대하며 감사한다."

미래 감사는 희망을 감정이 아니라 방향으로 만들며, 내일을 준비하게 하는 힘입니다.

감사 일지 — PQ 엔진을 실제로 켜는 가장 쉬운 방법

하루의 끝에서 짧게 세 줄이면 충분합니다.

1. 오늘 나 자신에게 감사한 한 가지
2. 오늘 누군가에게 감사한 한 가지
3. 오늘의 경험 중 의미 있었던 한 가지

이 기록은 단순한 일기가 아닙니다. 흩어진 하루를 긍정의 구조로 다시 배선하는 작업입니다. 긍정은 감사에서 시작합니다. 감사는 문제를 없애 주지 않습니다. 그러나 문제를 바라보는 시선을 바꿉니다. 시선이 바뀌면 감정이 달라지고, 감정이 달라지면 행동이 다시 움직입니다. 오늘이 완벽하지 않아도 괜찮습니다. 중요한 것은 오늘 속에서도 감사할 이유를 발견하는 능력입니다. 그 순간, 당신의 PQ 엔진은 이미 다시 작동하고 있습니다.

긍정은 다시 보게 하는 힘이다

긍정은 현실을 부정하는 태도가 아닙니다. 긍정은 현실이 전부가 아니라고 끝까지 믿는 힘입니다. 같은 환경 속에서도 "여기가 끝이다"라고 단정하지 않고, "여기서도 다음이 준비되고 있다"고 해석하게 만드는 힘입니다.

그래서 PQ 엔진은 사람을 억지로 흥분시키지 않습니다. 대신 다시 바라보게 합니다. 오늘의 자리에서도 의미를 발견하게 하고, 이 하루가 헛되지 않았다는 해석을 가능하게 합니다. 시선이 바뀌면 감정이 달라지고, 감정이 달라지면 행동이 다시 움직이기 시작합니다.

우리는 완벽한 하루를 살아서 앞으로 나아가는 것이 아닙니다. 불완전한 하루 속에서도 감사할 이유를 발견할 때, 삶은 다시 흐르기 시작합니다. 긍정은 문제를 없애 주지 않지만, 문제를 넘어서게 하는 시선을 회복시켜 줍니다.

오늘, 당신의 PQ 엔진에 다시 전류를 흘려보십시오.

"나는 오늘도 다시 긍정적으로 해석하는 사람이다."

이 작은 선언이 반복될수록 당신의 마음은 더 단단해지고, 삶은 조금씩 앞으로 움직이게 될 것입니다. 긍정은 현실을 외면하는 힘이 아니라, 현실 속에서도 다시 시작할 이유를 발견하게 하는 힘입니다.

> **지혜의 묵상**
> *"감사는 당장 현실을 바꾸는 힘이 아니다.*
> *현실 속에서도 다시 일어서게 하는 해석의 힘이다."*
> — 홍영기

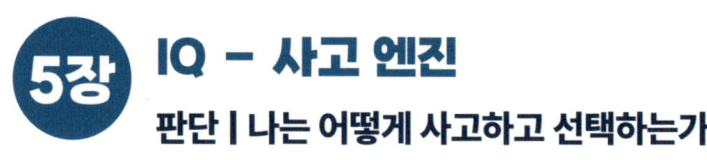

5장 IQ – 사고 엔진
판단 | 나는 어떻게 사고하고 선택하는가

> 사람을 바꾸는 것은 더 많은 노력만이 아닙니다.
> 생각하는 방식이 달라질 때 판단이 바뀝니다.
> IQ 는 인생의 방향을 다시 설계하는 사고의 엔진입니다.

감옥의 밤을 도서관의 새벽으로 바꾼 사람

철창이 닫히는 소리는 사람의 미래까지 닫는 소리처럼 들립니다. 스물한 살, 한 청년이 감옥에 들어갔습니다. 이름은 말콤 엑스(Malcolm X). 그에게 감옥은 끝이었습니다. 세상은 자신을 '실패한 청년'으로 규정했고, 그는 그 규정에 지쳐 있었습니다. 처음의 감옥 생활은 분노와 공허뿐이었습니다. 하루는 길고, 밤은 더 길었습니다. 불빛이 꺼진 후에도 생각은 꺼지지 않았습니다. "나는 여기서 끝나는 걸까?" 그때 그가 붙잡은 것은 의외로 '의지'가 아니라 책이었습니다.

말콤 엑스는 지식인이 아니었습니다. 하지만 그는 먼저 사전을 펼쳤습니다. 모르는 단어가 너무 많았기 때문입니다. 그는 단어를 베껴 쓰고, 또 베껴 쓰며 자기 안에 '언어의 뼈대'를 세웠습니다. 낮에는 책을 읽고, 밤에도 복도 끝에서 새어 나오는 희미한 불빛에 의지해 책장을 넘겼습니다. 눈이 아려 와도, 손가락이 저려 와도 멈추지 않았습니다. 그에게 독서는 '지식 취미'가 아니라 인생을 다시 설계하는 작업이었기 때문입니다.

그렇게 책이 쌓이면서, 그의 내면에서 먼저 바뀐 것은 '상황'이 아니라 해석이었습니다. 감옥은 여전히 감옥이었지만, 그의 머릿속에서 그곳은 점점 훈련장이 되어 갔습니다. 그는 더 이상 "왜 나에게 이런 일이?"에 묶이지 않았습니다. 대신 "나는 무엇을 배우고, 어떻게 달라질 것인가?"로 질문을 바꾸기 시작했습니다.

출소 후, 그는 완전히 다른 사람이 되어 있었습니다. 말의 힘이 달라졌고, 논리의 구조가 달라졌고, 사람을 설득하는 관점이 달라졌습니다. 그를 바꾼 것은 환경이 아니라, 사고 엔진의 재가동이었습니다. 이 이야기는 이렇게 묻습니다. "당신의 삶을 바꾸는 열쇠가 '노력'이 아니라 '사고의 구조'라면 어떻겠습니까?" 그 구조가 바로 IQ – 사고 엔진입니다.

IQ는 지식이 아니라 판단을 만드는 엔진이다

우리는 IQ(Intelligence Quotient)를 점수로 기억합니다. 시험 성적, 학벌, 기억력, 계산 능력. 그러나 이 책에서 말하는 IQ는 전혀 다른 차원입니다. IQ는 똑똑함이 아니라 방향을 만드는 힘입니다. IQ는 정보를 많이 아는 능력이 아니라 정보를 걸러내는 능력입니다. IQ는 지식을 쌓는 기술이 아니라 지식을 연결하는 힘입니다. 그리고 결국, 지혜를 선택으로 옮기는 능력입니다. 한 문장으로 정의하면 이렇습니다.

**IQ란 정보를 지혜로 바꾸고
지혜를 선택으로 바꾸는
내면의 사고 시스템이다.**

머리가 좋은 사람이 아니라, 길을 잃지 않는 사람이 IQ가 높은 사람입니다.

정보가 많을수록 사고 구조가 필요하다

우리는 더 이상 정보가 부족한 시대에 살고 있지 않습니다. 오히려 넘쳐나는 정보 속에서 살아가고 있습니다. 문제는 정보가 없는 것이 아니라, 무엇을 믿고 무엇을 기준 삼아야 할지 알기 어렵다는 데 있습니다. 많이 읽어도 머릿속에 남는 것은 없고, 열심히 들어도 결정을 내리지 못합니다. 감정이 먼저 반응하고, 유행이 기준을 대신하며, 생각은 자주 흔들립니다. 그 이유는 단순합니다. 정보는 많지만 그것을 걸러내고 정리하는 사고의 구조가 약하기 때문입니다.

IQ가 약해지면 비슷한 문제가 반복됩니다. 많이 알고 있음에도 확신은 없고, 결정을 미루며 피로가 쌓입니다. 비교와 유행에 쉽게 흔들리고, 같은 실수를 다시 반복하게 됩니다. 결국 문제는 지식의 양이 아니라 사고의 힘입니다. 그래서 IQ는 단지 공부를 잘하는 능력이 아닙니다. IQ는 삶을 해석하고 판단을 지키는 방어 시스템입니다. 정보가 넘치는 시대일수록, 생각의 구조를 갖춘 사람만이 방향을 잃지 않고 살아갈 수 있습니다.

사고가 단단해지면 방향은 쉽게 흔들리지 않는다

IQ가 살아 있는 사람에게는 분명한 변화가 나타납니다. 먼저 판단이 선명해집니다. 해야 할 것과 하지 말아야 할 것이 분리되면서 결정 피로가 줄어듭니다. 매 순간 흔들리기보다 기준에 따라 선택할 수 있게 됩니다. 또한 감정에 휘둘리지 않게 됩니다. 기분과 사실을 구분하고, 즉각적인 반응 대신 한 번 생각한 뒤 선택할 수 있게 됩니다. 감정이 삶을 끌고 가는 것이 아니라, 사고가 방향을 이끌게 되는 것입니다.

경험의 의미도 달라집니다. 같은 실패를 반복하기보다 경험이 지혜로 축적되기 시작합니다. 사건이 그냥 지나가는 것이 아니라 다음 선택의 기준이 됩니다. 그리고 말에도 구조가 생깁니다. 생각이 정리되면 말이 깊어지고, 말이 깊어지면 사람들에게 전달되는 영향력 또한 달라집니다. 결국 사고의 구조는 곧 인생의 구조가 됩니다.

사고가 얕으면 결정이 흔들리고, 결정이 흔들리면 방향이 흔들립니다. 그러나 사고가 단단해지면 인생은 쉽게 흔들리지 않습니다. 그렇다면 질문이 남습니다. 어떻게 하면 사고를 단단하게 만들 수 있을까요? 어떻게 하면 감정이 아니라 기준으로 판단할 수 있을까요? 어떻게 하면 배움이 흩어지지 않고 삶 속에 축적될 수 있을까요?

그리고 이제 사고는 구조가 된다

사고는 저절로 깊어지지 않습니다. 판단은 훈련 없이 단단해지지 않습니다. 생각 역시 구조가 있을 때 자랍니다. 그래서 IQ 엔진은 네 개의 회로로 구성됩니다. 이 네 개의 회로는 생각을 입력하고, 점검하고, 연결하며, 결국 선택으로 이어지게 만드는 사고의 구조입니다. 그렇다면 사고를 단단하게 만드는 구조는 무엇일까요? IQ 엔진의 4대 회로가 바로 그 답입니다.

IQ 엔진 – 4대 회로 도표

번호	회로명	한 줄 질문	핵심 기능
1	학습 회로	나는 무엇을 배우고 있는가	생각의 재료를 지속적으로 축적하는 회로
2	질문 회로	정말 그런가, 왜 그런가	당연함을 점검하고 사고의 깊이를 확장하는 회로
3	통합 회로	이것을 삶에 어떻게 적용할 것인가	배운 것을 삶의 선택으로 연결하는 회로
4	지혜 회로	지금 가장 옳은 선택은 무엇인가	한계를 인식하고 방향 있는 결정을 돕는 회로

배우지 않으면 사고는 메말라가고, 질문하지 않으면 생각은 멈추며, 연결하지 않으면 지식은 흩어지고, 지혜가 없으면 많이 알아도 길을 잃습니다. IQ는 많이 아는 사람을 만드는 엔진이 아닙니다. IQ는 생각을 점검하고, 연결하고, 선택하게 만드는 사고의 구조입니다. 이 네 개의 회로가 함께 작동할 때 단지 반응하는 사람이 아니라, 판단하고 선택하는 사람으로 살아가게 됩니다. 이제, 첫 번째 회로부터 살펴보겠습니다.

IQ 1회로: 학습 회로
지식이 아니라 사고의 연료를 채운다

어린 시절 정규 교육을 거의 받지 못했던 에이브러햄 링컨(Abraham Lincoln)은 가난과 노동 속에서 성장했습니다. 학교에 오래 다닐 수 없었지만 그는 책을 놓지 않았습니다. 불빛이 부족한 밤이면 장작불 곁에 앉아 책을 읽었고, 종이가 귀하던 시절에는 나무 판자에 글을 적었다 지우며 문장을 반복해 익혔다고 전해집니다. 길을 걸으면서도 문장을 중얼거리고, 마음에 남는 구절은 자신의 언어로 다시 정리했습니다.

그에게 독서는 여유 있는 취미가 아니었습니다. 사고를 확장하는 훈련이었고, 자신의 한계를 넘어서는 통로였습니다. 링컨은 이렇게 말했습니다. "나는 준비할 것이다. 그러면 언젠가 기회가 올 것이다." 그의 준비는 화려한 환경이 아니라 조용한 학습의 반복이었습니다. 그 습관은 결국 한 나라의 방향을 결정하는 리더십으로 이어졌습니다.

사람의 미래는 재능보다, 무엇을 반복해서 배우는가에 의해 결정됩니다. 생각의 연료가 부족하면 사람은 쉽게 멈춥니다. 학습 회로는 단순히 지식을 쌓아 자랑하기 위한 회로가 아닙니다. 생각할 수 있는 재료를 지속적으로 공급하는 내면의 시스템입니다. 사람은 생각 없이 결정하지 않지만, 빈약한 재료로는 깊은 판단을 만들어 낼 수 없습니다. 링컨의 삶이 보여주는 것은 단순한 독서 습관이 아니었습니다. 지도자는 평생 배우는 자입니다.

일본의 기업가 마쓰시타 고노스케(Matsushita Konosuke)도 비슷한 이야기를 남겼습니다. 그는 세계적인 기업 파나소닉(Panasonic)의 창업자로 알려져 있지만, 어린 시절 가난과 병약함 때문에 정규 교육을 충분히 받지 못했습니다. 그러나 그는 자신의 약점을 핑계로 삼지 않았습니다. 더 많이 읽고, 더 많이 배우며 자신을 단련했습니다. 그는 "많이 배우지 못했기 때문에 더 많이 읽었다"고 고백했습니다. 지성은 학력보다 태도에서 나온다는 사실을 그의 삶이 보여줍니다.

저 역시 삶과 사역의 여러 시기를 지나며 한 가지를 분명히 경험했습니다. 책은 단순한 정보가 아니라 사고의 깊이를 만드는 도구라는 사실입니다. 대학에서는 문학과 철학, 역사와 인문학을 통해 인간과 사회를 바라보는 시선을 넓혔고, 이후에는 신학, 선교학, 교회성장학, 조직과 리더십 연구에 이르기까지 폭넓은 독서를 이어 왔습니다. 한 분야만 깊게 파는 독서도 필요하지만, 서로 다른 영역을 가로지르는 수평 독서가 사고의 연결을 만들어 준다는 것도 알게 되었습니다.

실제로 저는 신학 연구를 넘어 사회학과 정치학, 통계학, 경영 이론까지 탐독하며 사역과 학문의 연결점을 고민했습니다. 그 과정 속에서 2004년에 한국 기독교와 민주주의의 관계를 탐구한 『십자가의 정치학』이라는 책도 쓰게 되었습니다. 신앙과 사회, 가치와 현실을 함께 읽어 내려가려 했던 그 작업은 단순한 집필이 아니라 사고의 지평을 넓히는 훈련이었습니다. 다양한 분야의 책들이 서로 연결되는 순간, 이전에는 보이지 않던 통찰이 생겨나는 경험을 하곤 했습니다.

독서는 정보를 모으는 일이 아니라, 서로 다른 생각을 연결해 새로운 시선을 만드는 작업입니다. 오늘날 우리는 넘치는 정보 속에서 살아갑니다. 그러나 정보는 자동으로 사고가 되지 않습니다. 깊이 읽고, 오래 붙들고, 자신의 언어로 다시 정리할 때 비로소 생각의 연료가 됩니다. 그래서 우리에게는 이런 질문이 필요합니다. "나는 지금, 무엇을 배우고 있는가?"

학습 회로가 약해지면 이런 신호가 나타납니다.

- **· 생각이 정리되지 않는다.**
- **· 판단이 쉽게 흔들린다.**
- **· 남의 말에 쉽게 끌려간다.**

그때는 의지를 탓할 것이 아니라 입력 구조를 점검해야 합니다. 책 한 권을 끝까지 읽지 못해도 괜찮습니다. 오늘 마음을 흔든 문장 하나면 충분합니다. 그 한 문장이 내일의 선택을 바꾸는 사고의 연료가 될 수 있기 때문입니다. 읽지 않는 사람의 생각은 멈추고, 생각이 멈추면 삶의 방향도 결국 멈춥니다. 그래서 이 선언을 붙들어도 좋겠습니다.

**나는 내 생각의 연료를
스스로 채우는 사람이다.**

IQ 2회로: 질문 회로
질문이 멈추면 성장도 멈춘다

아테네의 광장에서 소크라테스(Socrates)는 강의를 하지 않았습니다. 그는 연설하지도 않았고, 답을 주지도 않았습니다. 그가 던진 것은 단 하나, 질문이었습니다. 젊은이들이 정의에 대해 말하면 그는 물었습니다. "정말 그것이 정의인가?" 누군가 확신에 차서 말하면 다시 묻습니다. "그렇다면, 왜 그렇게 생각하는가?"

그의 질문은 상대를 공격하는 칼이 아니었습니다. 스스로 생각하게 만드는 빛이었습니다. 많은 사람들은 그를 불편해했습니다. 왜냐하면 질문은 확신을 흔들기 때문입니다. 그러나 바로 그 흔들림 속에서 사고는 깊어졌습니다.

질문 회로란 상황을 그대로 받아들이지 않고, 그 이면을 한 번 더 파고드는 사고의 습관입니다. 질문은 결론을 늦추는 기술이 아니라 사고를 깊게 만드는 도구입니다. 질문 회로가 살아 있으면 사람은 쉽게 휩쓸리지 않습니다. 남의 결론을 그대로 소비하지 않고, 자기 판단을 잠시 유보한 채 한 걸음 더 들어가 볼 수 있습니다.

철학자 강영안 교수는 『강영안의 공부한다는 것』에서 이렇게 말합니다.

**"뭐든 당연한 것은 없다고 생각할 때 질문이 생깁니다.
질문이 없으면 생각을 하지 않게 되고, 변화도 없어요."**

당연함을 의심하는 순간, 사고는 다시 움직입니다. 묻지 않고서는 새로운 것이 드러나지 않습니다.

그러나 이 회로가 멈추면 이런 말이 늘어납니다. "그냥 원래 그래." "다들 그렇게 생각하잖아." 이 문장이 많아질수록 사고는 멈추고, 판단은 외주화됩니다. 확신만 남고 질문이 사라지면 성장은 멈춥니다. 그래서 이 질문이 필요합니다. "정말 그런가?" 이 한 문장이 생각을 다시 움직이게 합니다. 감정의 속도를 늦추고, 판단의 깊이를 더합니다.

성경 역시 질문으로 가득합니다. 요한복음에서 세례 요한의 제자 둘이 예수님을 따라왔을 때, 예수님의 첫 말씀은 설명이 아니라 질문이었습니다. "너희가 무엇을 찾느냐"(요한복음 1장 38절). 그 질문은 정보가 아니라 방향을 묻는 말이었습니다. 당신은 무엇을 원하느냐, 무엇을 향해 걷고 있느냐는 초대였습니다.

질문은 공격이 아니라 초대입니다. 사람을 무너뜨리기 위한 도구가 아니라,

스스로 생각하게 하는 빛입니다. 질문 회로가 살아 있는 사람은 결론을 서두르지 않습니다. 그는 이렇게 말할 수 있습니다.

나는 결론보다 질문을 먼저 세운다.

성장은 답을 많이 아는 데서 시작되지 않습니다. 질문을 잃지 않는 데서 시작됩니다.

IQ 3회로: 통합 회로
배움을 행동으로 번역하다

피렌체의 한 작업실. 벽에는 인체 해부 스케치가 빼곡히 붙어 있고, 탁자 위에는 기어와 도르래가 그려진 설계 도면이 펼쳐져 있습니다. 레오나르도 다빈치(Leonardo da Vinci)는 붓을 내려놓고 다시 노트를 펼칩니다. 그는 그림을 그리기 전에 시신을 해부하며 근육의 방향과 뼈의 구조를 기록했습니다. 인물의 손이 어떻게 구부러지는지, 눈빛은 어떤 근육에서 시작되는지를 집요하게 관찰했습니다.

그 관찰은 그의 그림을 바꾸었습니다. 그의 인물은 단순히 그려진 존재가 아니라 살아 움직이는 존재가 되었습니다. 그는 새의 날갯짓을 스케치하며 하늘을 나는 기계를 상상했고, 물의 흐름을 연구하며 도시의 방어 구조를 설계했습니다. 그는 화가이면서 과학자였고, 해부학자이면서 공학자였습니다.

그러나 그의 위대함은 많이 알았다는 데 있지 않았습니다. 그의 진짜 힘은 연결하는 능력에 있었습니다. 한 영역에서 얻은 통찰을 다른 영역의 문제로 옮길 수 있었던 힘. 그에게 '연결'은 잡학이 아니었습니다. 지혜가 작동하는 구조였습니다.

통합 회로란 배운 것을 머리에만 남겨 두지 않고 삶의 선택과 행동으로 옮기게 하는 사고의 다리입니다. 아무리 좋은 배움이라도 삶으로 건너오지 않으면 지식은 축적되지만 인생은 변하지 않습니다. 이 회로가 작동하지 않을 때 사람들은 자주 이렇게 말합니다. "좋은 내용이었는데..." "감동은 됐지만, 현실은 그대로야."

배움은 많아지는데 행동은 바뀌지 않고, 깨달음은 쌓이는데 삶은 움직이지 않습니다. 지식과 인생 사이의 다리가 끊어져 있기 때문입니다. 많은 사람은 아는 것과 사는 것이 분리된 상태로 살아갑니다. 머리는 앞서가지만, 선택은 그대로입니다. 깨달음은 순간이지만, 습관은 바뀌지 않습니다. 그래서 이 질문이 필요합니다.

"이것을 알게 되었으니, 나는 무엇을 다르게 선택할 것인가?"

통합은 거대한 결단에서 시작되지 않습니다. 언제나 작은 실행에서 시작됩니다. 오늘 배운 것 중 단 하나라도 삶에 옮길 수 있다면, 그 배움은 이미 지식이 아니라 삶의 일부가 되기 시작한 것입니다. 통합 회로가 살아 있는 사람은 배움을 소비하지 않습니다. 그는 배움을 번역합니다. 그래서 통합 회로의 핵심 언어는 이것입니다.

"나는 배움을 행동으로 번역하는 사람이다."

삶을 바꾸는 사람은 가장 많이 아는 사람이 아닙니다. 가장 잘 연결하고, 가장 작게라도 실행하는 사람입니다. 지금 당신의 머리에는 있지만 아직 삶으로 건너오지 못한 배움이 하나 있을지 모릅니다. 그 배움이 오늘, 선택 하나로 이어진다면 IQ 엔진은 이미 다음 단계로 움직이기 시작한 것입니다.

IQ 4회로: 지혜 회로
겸손이 옳은 선택을 지킨다

젊은 왕이 밤에 기도합니다. 왕궁은 조용하지만, 그의 마음은 무겁습니다. 이스라엘의 왕좌에 앉았지만 그는 압니다. 자신이 아직 충분히 준비된 사람이 아니라는 것을. 성경에서 솔로몬(Solomon)은 지혜로운 왕으로 기억됩니다. 그러나 그의 지혜는 많은 지식에서 시작되지 않았습니다. 그 출발점은 놀랍게도 자기 한계에 대한 인식이었습니다. 왕이 되었을 때 그는 이렇게 고백합니다. "나는 작은 아이라 출입할 줄을 알지 못하고..."(열왕기상 3:7).

그는 자신이 모든 것을 아는 지도자가 아니라는 사실을 하나님 앞에서 먼저 인정했습니다. 그리고 그는 부와 장수, 명예가 아니라 "옳고 그름을 분별하는 마음"을 구했습니다. 지혜는 자신감에서 나오지 않습니다. 오히려 배우면 배울수록, 알면 알수록, 자신이 모르는 것이 얼마나 많은지를 깨닫게 됩니다.

공부가 깊어질수록 확신은 줄어들고, 질문은 더 많아집니다. 그래서 진짜 배움은 사람을 교만하게 만들지 않습니다. 오히려 생각을 낮추고, 판단을 조심하게 만듭니다. 많이 안다고 느끼는 순간, 사고는 멈춥니다. 모른다는 사실을 인식하는 순간, 지혜는 다시 작동합니다.

지혜 회로가 꺼지면 확신은 강해지지만 판단은 거칠어집니다. 반대 의견은 위협처럼 느껴지고, 실수 앞에서도 사람은 말합니다. "나는 원래 맞다." 그러나 지혜 회로가 살아 있는 사람은 다릅니다. 그는 먼저 멈추고, 돌아보고, 질문합니다.

- **나는 다른 관점을 충분히 듣고 있는가?**
- **지금 이 선택이 정말 옳은 방향인가?**

· 나는 무엇을 기준으로 결정하고 있는가?

지혜 회로는 빠른 결정을 돕는 회로가 아닙니다. 선택의 속도를 늦추고, 선택의 방향을 지키는 회로입니다. 솔로몬의 지혜는 정보를 많이 가진 데서 나온 것이 아니라 선택의 기준이 분명했던 데서 나왔습니다. 같은 상황, 같은 정보 앞에서도 누군가는 길을 잃고 누군가는 길을 찾습니다. 그 차이는 무엇을 기준으로 결정하느냐에 있습니다. 그래서 지혜 회로의 언어는 분명합니다.

나는 빠른 선택보다,
옳은 선택을 택한다.

겸손 없는 분별은 오만이 되고, 분별 없는 겸손은 우유부단이 됩니다. 지혜는 이 둘이 함께 작동할 때 완성됩니다. 이 회로가 살아 있는 한, 당신의 판단은 쉽게 무너지지 않습니다.

IQ 엔진 통합 루틴
생각은 훈련될 때 힘이 된다

사고 엔진은 한 번의 결심으로 바뀌지 않습니다. 생각도 근육처럼 반복 훈련이 필요합니다. 미국의 인권운동가 말콤 엑스(Malcolm X)는 감옥이라는 극한의 환경 속에서 자신의 사고 구조를 바꾸었습니다. 그는 하루에 수시간씩 사전을 베껴 쓰며 단어를 배우고, 문장을 이해하고, 자신의 생각을 새로 세웠습니다. 환경은 바뀌지 않았지만 사고의 구조가 바뀌자 인생의 방향이 달라졌습니다.

우리 역시 거창한 결단이 아니라 짧고 반복적인 루틴을 통해 생각의 회로를 다시 연결할 수 있습니다. 하루 10분의 의식적인 훈련만으로도 사고의 엔진은 다시 움직이기 시작합니다.

① 사고 연료 입력 — 독서: 생각의 재료를 채운다

하루 중 가장 집중이 잘되는 시간에 책 한두 쪽, 혹은 짧은 한 단락을 읽어 보십시오. 그리고 마음을 움직인 문장 하나를 남겨 보십시오.

"오늘 내 생각을 깨운 문장은 무엇인가?"

이 시간은 단순히 지식을 쌓기 위한 시간이 아닙니다. 사고 엔진에 연료를 공급하는 시간입니다.

② 사고 점화 — 질문: 생각을 작동시킨다

읽은 내용이나 오늘 마주한 이슈 하나를 붙잡고 스스로 질문해 보십시오.

이 말의 핵심은 무엇인가?
내가 당연하다고 믿어 온 전제는 무엇인가?
이 생각은 내 삶에 어떤 변화를 요구하는가?

질문은 생각을 흔드는 도구가 아닙니다. 사고를 작동시키는 시동 스위치입니다.

③ 사고 연결 — 적용: 지식을 행동으로 바꾼다

오늘 배운 것 중 하나를 이렇게 완성해 보십시오.

"그래서 오늘 나는 _____ 을(를) 실천한다."

지식이 행동으로 번역되는 순간, 사고 엔진은 개념이 아니라 실제로 움직이기 시작합니다.

④ 사고 점검 — 메타인지: 판단을 보호한다

오늘 내린 판단 하나를 돌아보며 스스로에게 물어보십시오.

"내 판단이 틀렸을 가능성은 없는가?"

이 질문은 자신을 낮추기 위한 고백이 아닙니다. 판단을 보호하기 위한 안전장치입니다. 겸손은 판단을 약하게 만들지 않습니다. 오히려 판단을 더 오래가게 합니다.

⑤ 사고 정렬 — 지혜 선언: 선택의 방향을 세운다

하루의 끝에서 이 문장을 천천히 읽어 보십시오.

"나는 빠른 선택보다 옳은 선택을 택한다."

이 선언은 오늘의 선택을 내일의 후회로부터 지켜 줍니다.

사고가 훈련될 때 인생은 분별력을 갖는다

우리는 삶이 어려워질 때 환경을 바꾸려 하고, 사람을 바꾸려 하며, 상황을 바꾸려 합니다. 그러나 인생을 가장 깊이 바꾸는 것은 외부 조건이 아니라 사고의 구조입니다. 지금 당신의 삶을 흔드는 것은 상황이 아니라, 오랫동안 반복되어 온 사고의 패턴일지 모릅니다.

IQ는 단지 더 많이 아는 능력이 아닙니다. IQ는 삶을 해석하고, 선택을 만들며, 방향을 잃지 않게 하는 사고의 엔진입니다. 생각은 저절로 깊어지지 않습니다. 훈련될 때 판단이 되고, 반복될 때 방향이 됩니다. 오늘, 당신의 사고 엔진에 다시 전류를 흘려보십시오.

"나는 내 사고를 훈련하는 사람이다."

이 한 문장이 쌓일 때, 당신의 인생은 다시 분별력을 갖기 시작할 것입니다.

지혜의 묵상

"상황이 바뀌기 전에, 질문이 먼저 바뀐다."

― 홍영기

6장 CQ – 인성 엔진
신뢰 | 사람됨이 리더십을 결정한다

> 신뢰는 실력이 아니라 사람됨에서 시작됩니다.
> 인격은 타고나는 것이 아니라 반복되는 선택입니다.
> CQ 는 오래 가는 리더를 만드는 인성 엔진입니다.

복수가 아니라 화해를 선택한 대통령

1990년, 남아프리카 공화국. 27년간 감옥에 갇혀 있던 한 사람이 석방되었습니다. 그의 이름은 넬슨 만델라(Nelson Mandela)였습니다. 그는 오랜 세월 동안 인종차별 정책에 맞서 싸우며 자유를 위해 인생을 바쳤습니다. 그가 겪은 시간은 단순한 고난이 아니라, 인간의 존엄이 시험받는 세월이었습니다. 사람들은 말했습니다. "이제 그는 복수할 것이다." "이 나라는 피로 물들 것이다."

그러나 만델라는 전혀 다른 길을 선택했습니다. 그는 이렇게 말했습니다. "증오에 붙잡히는 순간, 나는 다시 감옥에 들어가는 것과 같다." 그리고 1995년, 남아프리카 공화국에서 럭비 월드컵이 열렸습니다. 당시 럭비는 백인들의 스포츠로 여겨졌고, 흑인 다수는 그 팀을 외면하고 있었습니다.

만델라는 이 순간을 '국민 통합'의 기회로 보았습니다. 그는 국가대표팀 스프링복스(Springboks)의 경기를 직접 관람하며 응원했고, 결승전에서는 그들의 유니폼을 입고 시상대에 섰습니다. 그 장면은 전 세계로 중계되었습니다.

적대의 상징이던 유니폼이 화해의 상징으로 바뀌는 순간이었습니다.

만델라는 말했습니다. "용서는 과거를 바꿀 수는 없지만, 미래를 바꿀 수 있습니다." 그를 위대한 리더로 만든 것은 권력도, 언변도, 전략도 아니었습니다. 사람들이 따랐던 이유는 그의 인격이었습니다. 이 장은 묻습니다. "당신의 리더십을 오래 지탱하는 것은 능력입니까, 아니면 인격입니까? 그 답이 바로 CQ – 인성 엔진입니다.

인격은 위기 속에서 드러나는 내면의 엔진이다

리더는 무엇으로 신뢰를 얻습니까? 사람들은 리더의 말을 듣기 전에 그의 태도를 읽습니다. 비전을 보기 전에 그의 반응을 봅니다. 성공의 순간보다 실패의 순간을 기억합니다. CQ(Character Quotient)는 위기 속에서 드러나는 사람의 내면 품격과 신뢰의 깊이를 말합니다. 인격은 이미지가 아닙니다. 연출된 표정도 아닙니다.

인격은 갈등의 순간에 드러나는 반응이며, 억울함 앞에서 선택하는 태도이며, 권력을 가졌을 때 지키는 절제입니다. 평소에는 잘 보이지 않습니다. 그러나 압박이 가해질 때 인격은 숨길 수 없이 드러납니다. 사람은 힘이 있을 때가 아니라 상처받았을 때 진짜 모습이 나옵니다. CQ는 그 진짜 모습을 다루는 지표입니다.

성품은 영향력의 뿌리다

리더십은 기술이 아닙니다. 관계입니다. 관계는 단지 말로 유지되지 않습니다. 신뢰로 유지됩니다. 그리고 그 신뢰는 성품 위에 세워집니다. 실력은 사람을 모을 수 있습니다. 그러나 성품만이 사람을 남게 합니다. 능력은 기회를 열어 줍니다. 그러나 인격만이 그 기회를 지속하게 합니다.

성품이 약한 리더는 처음에는 빠르게 성장할 수 있습니다. 그러나 오래 가지 못합니다. 왜냐하면 사람들은 결국 안전한 사람을 따르기 때문입니다. 신뢰할 수 있는 사람, 자기 감정을 통제할 수 있는 사람, 비난 대신 책임을 선택하는 사람, 권력보다 원칙을 지키는 사람. 그런 사람에게 영향력은 자연스럽게 따라옵니다.

리더십을 무너뜨리는 가장 조용한 위기: 성품의 균열

리더십을 무너뜨리는 가장 위험한 위기는 외부의 공격이 아닙니다. 내면의 균열입니다. 실력은 탁월하지만 성품의 균열로 무너지는 리더는 많습니다. 말은 유창하지만 관계는 불편하고, 비전은 크지만 사람들은 떠납니다. 이유는 단 하나입니다. 신뢰의 틈입니다.

신뢰는 큰 사건으로 무너지지 않습니다. 작은 무례, 작은 거짓, 작은 변명이 조용히 뿌리를 갉아먹습니다. 겉은 강해 보여도 뿌리가 약하면 폭풍 앞에 오래 버티지 못합니다. CQ는 바로 그 뿌리를 다루는 영역입니다.

CQ는 타고나는 것이 아니라 설계된다

많은 사람은 말합니다. "저 사람은 원래 인격이 좋다." 그러나 인격은 우연히 만들어지지 않습니다. 인격은 구조의 결과입니다. 좋은 사람이 되겠다는 결심만으로 좋은 인격은 유지되지 않습니다.

성찰이 필요합니다.

방향이 필요합니다.
모델이 필요합니다.
반복이 필요합니다.

인격은 감정이 아니라 구조입니다. 결심이 아니라 시스템입니다. CQ는 도덕 교과서가 아닙니다. CQ는 신뢰할 수 있는 사람이 되도록 삶을 설계하는 리더십 엔진입니다. 인격은 말로 증명되지 않습니다. 태도로 증명됩니다. 그리고 그 태도는 위기 속에서 가장 선명하게 드러납니다.

그리고 이제 인격은 구조가 된다

인격은 마음속 결심으로만 유지되지 않습니다. 반복되는 질문과 선택, 그리고 일상의 작은 습관들이 연결될 때 비로소 하나의 시스템으로 작동하기 시작합니다. 이제 우리는 그 인격을 지탱하는 구조를 살펴보려 합니다.

CQ 엔진 – 4대 회로 도표

번호	회로명	한 줄 질문	핵심 기능
1	성찰 회로	나는 나 자신을 제대로 보고 있는가	자기 인식과 연약함을 자각하게 하는 회로
2	목표 회로	나는 어떤 사람이 되려 하는가	인격의 방향과 성장 목표를 설정하는 회로
3	멘토링 회로	나는 누구를 닮아 가고 있는가	삶의 모델을 통해 인격을 배우는 회로
4	습관 회로	나는 어떻게 반복하며 살아가고 있는가	인격을 일상 속 행동으로 고정하는 회로

인격은 하루아침에 만들어지지 않습니다. 먼저, 자신을 정직하게 성찰해야

합니다. 그리고 어떤 사람이 될 것인지 방향을 세워야 합니다. 누구를 닮아 갈 것인지 선택해야 합니다. 그 선택을 매일의 습관으로 반복해야 합니다.

성찰 없는 인격은 착각이 되고,
방향 없는 인격은 표류가 되며,
모델 없는 인격은 자기합리화가 되고,
습관 없는 인격은 오래가지 못합니다.

CQ는 성품이 좋은 사람을 만들자는 도덕적 구호가 아닙니다. CQ는 신뢰할 수 있는 사람이 되도록 삶을 구조화하는 엔진입니다. 이 네 개의 회로가 함께 작동할 때 인격은 설명이 아니라 태도로, 말이 아니라 반응으로 증명됩니다. 이제 첫 번째 회로인 성찰 회로부터 살펴보겠습니다.

CQ 1회로: 성찰 회로
나의 연약함을 직면하라

왕이 침묵 속에 무너집니다. 전쟁에서 수없이 승리했던 사람, 백성의 환호를 받던 지도자가 밤이 되자 자신과 마주합니다. 밖은 고요하지만 그의 내면은 흔들립니다. 권력의 정점에 서 있었지만 그는 압니다. 자신이 넘어졌다는 것을. 숨길 수 없다는 것을.

성경 속 다윗은 위대한 왕으로 기억됩니다. 그러나 그의 인생에는 치명적인 실패가 있었습니다. 그는 충성스러운 부하의 아내와 관계를 맺었고, 그 사실을 숨기기 위해 그 부하를 전쟁터의 가장 위험한 자리로 보내 죽게 했습니다. 권력으로 죄를 덮으려 했던 것입니다. 문제는 실패 그 자체가 아니었습니다. 그 실패 앞에서 그가 어떤 태도를 선택했는가였습니다. 그는 나단 선지자의 지적 앞에서 변명하지 않았습니다. 오히려 "내가 여호와께 죄를 범하였노라"(사무

엘하 12장 13절)라고 고백했습니다.

이 고백은 자학이 아닙니다. 무너짐도 아닙니다. 자신을 속이지 않겠다는 선언입니다. 그리고 그는 다시 이렇게 말합니다. "내 속에 정한 마음을 창조하시고 정직한 영을 새롭게 하소서"(시편 51:10). 그는 자신의 어두운 그림자를 직면했습니다. 넘어졌지만 회피하지 않았습니다. 상처를 남겼지만 스스로를 미화하지 않았습니다. 진짜 인격은 완벽함에서 시작되지 않습니다. 정직함에서 시작됩니다.

성찰 회로란 자기 자신을 변명 없이 바라보게 하는 내면의 정직한 시스템입니다. 성찰은 자책이 아닙니다. 스스로를 무너뜨리는 행위도 아닙니다. 오히려 변화가 시작되는 가장 용기 있는 지점입니다. 사람은 누구나 연약합니다. 그러나 차이는 분명합니다. 자기 안의 어둠을 직면하는 사람과 그 어둠을 외면하는 사람의 차이입니다. 진짜 인격은 자기 그림자를 외면하지 않습니다.

성찰 회로가 꺼지면 사람은 문제를 밖에서만 찾기 시작합니다. 상황이 나를 이렇게 만들었다고 말하고, 환경이 문제였다고 말하며, 다른 사람이 먼저 잘못했다고 주장합니다. 이 언어는 자신을 보호하는 말처럼 보이지만, 실은 성장을 멈추게 하는 말입니다. 문제는 환경이 아니라 자기를 보지 못하는 시선입니다.

자기 그림자를 인정하지 못하는 사람은 깊어질 수 없습니다. 인격은 상처를 부정하는 사람에게 자라지 않습니다. 오히려 상처를 인정하는 사람 안에서 단단해집니다. 성찰은 자신을 무너뜨리는 과정이 아니라 더 깊은 사람으로 들어가는 문입니다. 그래서 성찰 회로의 언어는 단순합니다.

나는 완벽하지 않다.
그러나 나는 나 자신을 직면한다

하루를 마치며 이 질문 하나만 붙드셔도 충분합니다.

오늘, 나는 언제 마음이 불편했는가?
그 순간 나는 무엇을 지키려 했는가?

그 질문을 회피하지 않는 한, 당신의 인격은 무너지지 않습니다. 정직함이 살아 있는 한, CQ의 첫 번째 회로는 꺼지지 않습니다.

CQ 2회로: 목표 회로
나는 어떤 사람이 되고 싶은가

젊은 시절의 마하트마 간디(Mahatma Gandhi)는 인도인이었습니다. 그러나 당시 인도는 영국의 식민 지배 아래 있었고, 그는 법률을 공부한 엘리트였음에도 제국의 질서 속에서는 '2등 시민'에 불과했습니다. 1893년, 그는 남아프리카공화국에서 변호사로 일하던 중 한 사건을 맡아 기차를 타게 됩니다. 그곳은 인종 차별이 제도화되어 있던 사회였습니다. 피부색은 곧 신분이었고, 법은 평등을 말했지만 현실은 분리를 강요했습니다.

그는 1등석 표를 정당하게 구입했습니다. 그러나 백인이 아니라는 이유로, 백인 전용 칸에 앉았다는 이유로 강제로 끌려 내려졌습니다. 짐은 플랫폼으로 던져졌고, 그는 차가운 밤공기 속에 홀로 남겨졌습니다. 그날 밤, 그는 역 대합실에서 떨며 앉아 있었습니다. 분노, 수치심, 두려움이 한꺼번에 밀려왔습니다. 그는 변호사였지만 보호받지 못했고, 영국 제국의 법 아래 있었지만 동등한 시민으로 인정받지 못했습니다.

그는 훗날 회고합니다. 그 순간, 그는 두 갈래 길 앞에 서 있었다고. 하나는 모욕을 견디고 조용히 물러나는 길, 다른 하나는 증오로 맞서는 길이었습니다. 그러나 그는 스스로에게 질문했습니다. "나는 어떤 사람이 되고 싶은가?" 그 질문은 그날의 상황을 바꾸지 못했습니다. 그러나 그의 인생의 방향을 바꾸었습니다. 그는 폭력이 아닌 비폭력을, 증오가 아닌 존엄을, 복수가 아닌 품격을 선택했습니다. 위대한 지도자가 되기 전에 그는 먼저 어떤 인간으로 살아갈 것인가를 정한 사람이었습니다.

목표 회로란 바로 이것입니다. 막연한 이상이 아니라, 구체적인 사람 됨의 방향을 세우는 것. 인격의 목표가 없는 성장은 상황에 따라 쉽게 흔들립니다. 타인의 기대에 끌려다니고, 즉흥적인 감정에 반응하며, 편한 선택으로 기울어집니다. 그러나 인격의 방향이 분명한 사람은 다릅니다. 위기 속에서도 자신을 잃지 않습니다. 무엇을 해야 하는지가 아니라, 어떤 사람이 되어야 하는지를 알고 있기 때문입니다.

목표 회로가 약해지면 사람은 이렇게 말합니다. "그때그때 맞추며 살지 뭐." "사람이 다 그렇지." "어차피 완벽할 수는 없잖아." 이 말들은 현실적인 듯 보이지만, 조금씩 방향을 흐리게 합니다. 성품을 훈련이 아니라 변명으로 바꾸어 버립니다. 인격의 목표는 거창한 선언에서 시작되지 않습니다. 작은 선택과 훈련에서 시작됩니다. 정직, 배려, 책임감, 겸손 등, 당신이 끝까지 지키고 싶은 성품은 무엇입니까? 하루를 마치며 이 질문 하나만 붙들어 보십시오.

오늘의 선택은
내가 존중할 수 있는 모습이었는가?

성장은 빠르게 일어나지 않습니다. 그러나 방향이 분명한 성장은 쉽게 무너지지 않습니다. 위대한 리더는 먼저 무엇을 할지 정한 사람이 아니라, 어떤 사람이 될지 정한 사람입니다.

CQ 3회로: 멘토링 회로
누구와 함께 걷느냐가 내가 된다

1998년, 제가 영국에서 박사 과정을 밟고 있을 때였습니다. 거주하던 월세 집에서 화재가 발생했습니다. 갑작스럽게 이사를 해야 했고, 임시로 머물게 된 곳은 뜻밖에도 톰 휴스턴 목사님의 집이었습니다. 톰 휴스턴(Tom Houston) 은 월드 비전(World Vision) 국제총재를 역임한 분으로, 영성과 지성, 그리고 인격을 함께 갖춘 세계적 리더였습니다. 그분과 한 집에서 생활하며 함께 식탁 에 앉았던 시간은 제 인생의 방향을 바꾼 조용한 전환점이 되었습니다.

특별한 강의가 있었던 것도 아닙니다. 길고 깊은 조언이 이어진 것도 아니었 습니다. 오히려 말보다 태도로, 설명보다 침묵으로 배우는 시간이었습니다. 사 람을 대하는 눈빛, 결정 앞에서의 기다림, 상대의 말을 끝까지 듣는 태도. 그것 들은 강의실에서는 배울 수 없는 것들이었습니다. 그러나 그 모든 것이 조용히 제 안으로 스며들었습니다. 어느 날, 제가 조심스럽게 여쭈었습니다. "목사님, 리더십과 관련하여 제게 한 가지만 조언해 주신다면요?" 그는 잠시 미소를 지 으며 이렇게 말했습니다.

"당신에게는 멘토가 있어야 합니다.
그리고 당신도 누군가의 멘토가 되어야 합니다."

그의 말 한마디는 지금도 제 리더십 여정의 나침반처럼 제 안에 남아 있습 니다.

멘토링 회로란 지식을 전수받는 통로가 아닙니다. 인격의 방향을 전이받는 연결 구조입니다. 사람은 가장 자주 보고, 가장 오래 머무는 사람을 닮게 되어 있습니다. 그래서 멘토는 조언자가 아니라, 미래의 나를 미리 살아본 사람이라 고 할 수 있습니다. 말로 가르치기보다 삶으로 보여 주는 사람입니다.

이 회로가 약해지면 사람은 혼자 판단하다가 같은 실수를 반복합니다. 피드백을 공격이나 간섭으로 받아들이고, "나만의 길"이라는 이름으로 스스로를 고립시킵니다. 그러나 진짜 문제는 길이 없어서가 아니라, 함께 걸을 사람이 없다는 데 있습니다. 인격의 성장은 혼자서 완성되지 않습니다. 우리는 누군가를 닮으며 자라고, 또 누군가에게 영향을 주며 살아갑니다. 이 회로를 다시 살리는 문장엔 복잡하지 않습니다.

나는 나보다 앞선 인격을 본받는 사람이다.

이 고백은 자존감을 낮추는 말이 아니라, 성장을 선택하는 선언입니다. 오늘, 한 가지만 해 보셔도 충분합니다. 내가 닮고 싶은 사람의 태도 하나를 떠올려 보십시오. 그리고 그 태도를 오늘 하루, 단 한 번만 의식적으로 따라 해 보십시오. 인격은 그렇게, 아주 작은 반복을 통해 전이됩니다. 마지막으로 이 질문을 마음에 남겨 두셔도 좋겠습니다.

나는 지금 누구의 영향을 가장 많이 받고 있는가?
그 사람을 닮아가도 괜찮은가?
그리고 나 역시, 누군가에게 본보기가 되고 있는가?

멘토링 회로는 성공을 보장해 주지는 않습니다. 그러나 인격이 흔들리지 않도록 붙들어 줍니다. 누구와 함께 걷느냐가 결국 내가 어떤 사람이 되는지를 결정하기 때문입니다.

CQ 4회로: 습관 회로
반복이 결국 인격이 된다

    사람은 결심으로 변하지 않습니다. 감동으로도 오래 가지 못합니다. 인격은 반복으로 굳어집니다. 미국 건국의 아버지로 불리는 벤자민 프랭클린(Benjamin Franklin)은 스스로를 "도덕적으로 미완성인 인간"이라고 불렀습니다. 그는 위대한 인물로 기억되지만, 처음부터 고결한 인격을 지닌 사람은 아니었습니다. 오히려 그는 자신의 약점과 결함을 누구보다 정확히 알고 있던 사람이었습니다.

    그는 재능도 있었고 지적 능력도 뛰어났습니다. 그러나 감정과 습관, 태도는 아직 다듬어지지 않았다고 느꼈습니다. 그래서 그는 막연히 "좋은 사람이 되겠다"고 결심하지 않았습니다. 대신 구체적인 훈련 목표를 세웠습니다. 그가 기록한 것이 바로 '13가지 덕목'입니다. 절제, 침묵, 질서, 결단, 검소, 근면, 성실, 정의, 중용, 청결, 평온, 순결, 겸손.

    이 덕목들은 선언이 아니라 훈련 계획이었습니다. 그는 매주 한 가지 덕목에 집중했고, 작은 표를 만들어 매일 자신을 점검했습니다. 지키지 못한 날도 많았습니다. 그러나 실패했다고 덕목을 바꾸지는 않았습니다. 대신 다음 날 다시 표시하고, 다시 선택했습니다. 그는 완벽을 목표로 하지 않았습니다. 방향을 잃지 않는 것을 목표로 삼았습니다.

    그리고 훗날 이렇게 말했습니다. 완전해지지는 못했지만, 이 훈련 덕분에 더 나은 사람이 되었다고. 프랭클린이 위대한 이유는 천재였기 때문이 아니라, 인격을 의도적으로 훈련했기 때문입니다. 그는 인격이 감정이나 결심으로 형성되지 않는다는 사실을 알고 있었습니다. 아무리 좋은 다짐도 반복되지 않으면 사라집니다. 그러나 사소해 보이는 선택이라도 반복되면 결국 사람을 만듭니다. 이것이 습관 회로입니다.

    습관 회로란 좋은 의도를 행동의 반복으로 고정시키는 내면의 시스템입니다. 우리는 종종 이렇게 말합니다. "마음은 있는데 실천이 안 된다." 그러나 인격의 문제는 마음의 크기가 아니라 반복의 구조에 있습니다. 인격은 어느 날 갑자기 변하지 않습니다. 대신 매일 같은 방식으로 선택한 결과가 어느 순간 우리 자신이 됩니다. 그래서 인격은 '하고 싶을 때 하는 것'이 아니라, '하지 않아도 하게 되는 것'으로 굳어집니다.

이 회로가 약해지면 사람은 쉽게 제자리로 돌아옵니다. 바쁘다는 이유로, 피곤하다는 이유로, 상황이 어렵다는 이유로 처음의 기준을 미루게 됩니다. "작심삼일이 반복된다." "알지만 실천이 안 된다." "원래 나는 이런 사람이야." 이 말들은 현실적인 고백처럼 들리지만, 사실은 인격의 성장을 멈추게 하는 신호입니다. 문제는 의지가 약해서가 아니라, 반복을 설계하지 않았기 때문입니다.

그러나 습관 회로의 핵심은 완벽함이 아닙니다. 회복입니다. 인격적인 사람은 넘어지지 않는 사람이 아니라, 다시 선택할 줄 아는 사람입니다. 실수했다고 모든 것이 끝나는 것은 아닙니다. 중요한 것은 그 다음 선택입니다. 오늘의 실패가 내일의 기준이 되지 않도록, 다시 방향을 붙드는 능력—그것이 성숙한 인격입니다. 그래서 이 회로의 언어는 단순합니다.

"나는 작은 선택을 반복하는 사람이다."

오늘, 단 하나만 정하셔도 충분합니다. 프랭클린이 열세 가지 덕목을 모두 완벽히 지킨 적이 없었던 것처럼, 우리도 처음부터 크게 시작할 필요는 없습니다. 하루에 한 번 감사 표현하기, 말하기 전 잠시 멈추기, 한 사람을 끝까지 경청하기처럼 아주 작아도 괜찮습니다. 그리고 오늘 바로 한 번 실행해 보십시오. 인격은 큰 결단에서 만들어지지 않습니다. 반복되는 작은 선택에서 만들어집니다. 혹시 오늘 뜻대로 되지 않았더라도 괜찮습니다. 그때 이렇게 말하면 됩니다. "다시 선택하면 된다."

인격은 단번에 완성되지 않습니다. 그러나 반복을 포기하지 않는 사람은 결국 변합니다. 습관 회로는 당신을 완벽하게 만들지는 않습니다. 그러나 당신이 어떤 사람이 되어 가고 있는지를 끝까지 붙들어 줍니다. 인격은 결심으로 만들어지지 않습니다. 반복으로 굳어집니다. 그리고 그 반복이, 결국 당신이 됩니다.

CQ 엔진 통합 루틴
반복되는 선택이 인격을 만든다

사람은 말로 평가받지만 결국은 사람됨으로 기억됩니다. 능력은 시선을 끌지만, 인격은 마음을 머물게 합니다. 능력이 있으면 성공할 수 있습니다. 그러나 능력과 인격이 함께할 때 사람은 성공하면서도 성숙해집니다. 문제는 많은 사람들이 인격을 성격이나 기질로 오해한다는 데 있습니다. 그러나 인격은 타고나는 것이 아닙니다. 매일 반복되는 선택이 쌓여 만들어지는 구조입니다.

CQ는 좋은 사람이 되려는 의지가 아닙니다. CQ는 좋은 사람이 되도록 설계된 인격 엔진입니다. 하루의 작은 선택이 쌓여 당신의 인격 회로에 전류를 흘려보냅니다.

① 자기 정렬 — 성찰: 마음의 방향을 다시 맞춘다

오늘 하루 중 가장 불편했던 순간 하나를 떠올려 보십시오. 그리고 이 문장을 마음속으로 완성해 보십시오.

"그때 나는 _____을 느꼈고, 사실 _____이 필요했다."

성찰은 자책이 아닙니다. 조율입니다. 흐트러진 인격의 방향을 다시 중심으로 돌려놓는 정렬 스위치입니다.

② 방향 설정 — 인격 목표: 오늘의 사람됨을 선택한다

오늘 닮고 싶은 성품 하나를 정해 보십시오.

"오늘 나는 ___한 사람이 되겠다."

이 선언은 단순한 다짐이 아닙니다. 행동을 결정하는 정체성의 코드입니다. 방향이 분명해지는 순간 선택은 흔들리지 않습니다.

③ 모델 연결 — 멘토: 성장의 기준을 세운다

오늘 본받고 싶은 사람 한 명을 떠올려 보십시오.

"나는 ___처럼 이런 면을 닮고 싶다."

사람은 자신이 자주 바라보는 모델을 닮아갑니다. 멘토는 조언자가 아니라 인격 성장을 가속하는 참조 기준입니다. 혼자 고민하는 시간보다 함께 바라보는 기준이 사람을 더 빠르게 자라게 합니다.

④ 행동 고정 — 습관화: 인격을 몸에 새긴다

오늘 반복할 인격 행동 하나를 선택해 보십시오. (침착하게 말하기, 끝까지 듣기, 기다려주기 등)
작은 반복은 인격을 몸에 새기는 저장 장치입니다. 결심은 흘러가지만 습관은 사람을 남깁니다.

⑤ 회복 리셋 — 다시 선택: 넘어져도 다시 시작한다

오늘 놓쳤던 장면 하나를 떠올려 보십시오. 그리고 조용히 이렇게 말해 보십시오.

"나는 다시 선택할 수 있다."

회복은 실패의 인정이 아닙니다. 인격을 다시 켜는 리셋 버튼입니다. 넘어지지 않는 사람이 성숙한 사람이 아니라, 다시 선택하는 사람이 성숙한 사람입니다.

인격이 바뀌면 신뢰의 방향도 바뀐다

우리는 흔히 말합니다. "사람은 잘 변하지 않는다." 그러나 더 정확한 말은 이것입니다. "인격을 훈련하는 구조가 없다." CQ는 사람을 완벽하게 만들지 않습니다. 대신, 신뢰 가능한 사람으로 만듭니다. 사람들이 당신을 다시 찾는 이유는 말을 잘해서가 아니라, 함께 있어도 마음이 무너지지 않기 때문입니다. 오늘, 당신의 인격 엔진에 전류를 흘려보십시오.

"나는 오늘도 신뢰할 수 있는 사람이 되기를 선택한다."

이 고백이 쌓일수록 당신의 인격은 조용히 단단해지고, 당신의 리더십은 말이 아니라 삶으로 증명됩니다. 인격은 결심으로 만들어지지 않습니다. 관리된 반복으로 만들어집니다. 그리고 그 반복이 결국 당신을 신뢰받는 사람으로 만듭니다.

> **지혜의 묵상**
> *"인격은 말로 드러나지 않는다.*
> *시간이 지나야 보이는 사람의 무게이다."*
> — 홍영기

7장 NQ – 관계 엔진

연결 | 혼자가 아닌 함께 가는 힘

> 사람은 혼자서 오래 버틸 수 없습니다.
> 신뢰는 감정이 아니라 반복된 연결의 결과입니다.
> NQ는 함께 살아가게 만드는 관계의 엔진입니다.

분열의 유럽에 다리를 놓은 사람

전쟁은 끝났지만, 유럽은 끝나지 않은 전쟁처럼 흔들리고 있었습니다. 도시는 무너졌고, 경제는 멈췄으며, 무엇보다 사람들의 마음에는 불신과 분노가 남아 있었습니다. 총성이 멈추면 평화가 올 것 같지만, 전쟁이 남긴 것은 폐허만이 아니라 서로를 믿지 못하는 공기였습니다. 나라와 나라 사이에도, 지도자와 지도자 사이에도, 마음속 국경선이 더 두껍게 그어져 있었습니다.

그 혼란의 시기에, 한 사람이 조용히 말했습니다. "이제는 나라와 나라 사이에, 사람과 사람 사이에 다리를 놓아야 합니다." 그의 이름은 장 모네(Jean Monnet)였습니다. 장 모네는 프랑스의 작은 포도주 상인의 아들로 태어났고, 우리가 흔히 떠올리는 '엘리트 정치가'의 길을 걷지 않았습니다. 정규 교육을 오래 받지 못했고, 유명 대학의 간판도 없었습니다. 그러나 그는 한 가지 재능이 있었습니다. 사람을 읽는 감각, 그리고 신뢰를 쌓는 능력이었습니다. 그는 책보다 사람을 배웠고, 지식보다 관계를 만들었습니다.

어린 시절, 해외로 일을 배우러 떠나던 그에게 아버지는 이렇게 말했다고 전해집니다. "책 대신, 사람을 사귀고 오너라." 그 말은 단순한 조언이 아니라, 그의 인생 방식이 되었습니다. 그는 국적도, 언어도, 종교도 다른 사람들과 끊임없이 대화했습니다. 그리고 서로를 의심하던 지도자들 사이에 조용히 연결선을 만들기 시작했습니다. 큰 구호가 아니라, 작은 신뢰의 다리를 하나씩 놓는 사람이었습니다.

장 모네가 붙든 핵심은 이것이었습니다. 전쟁을 다시 일으키지 않으려면 "선한 마음"을 기대할 것이 아니라, 다시 싸우기 어렵게 만드는 협력의 구조를 만들어야 한다는 생각이었습니다. 그래서 그는 전쟁의 핵심 자원이었던 석탄과 철강에 주목했습니다. 석탄과 철강은 산업의 기반이기도 하지만, 동시에 전쟁을 만드는 연료이기도 했습니다. 그 자원을 각 나라가 따로 움켜쥐고 있으면, 불신은 계속되고 전쟁의 가능성도 계속 남습니다.

그때 탄생한 것이 유럽석탄철강공동체(ECSC)였습니다. 나라들이 석탄과 철강을 '각자 소유'하는 방식이 아니라, 함께 관리하고 함께 조정하는 방식으로 바꾸어 놓은 것입니다. 이것은 경제 협력처럼 보였지만, 사실은 더 깊은 의미를 갖고 있었습니다. 전쟁을 멈추게 하는 것이 아니라, 전쟁이 다시 시작되기 어렵게 만드는 구조였습니다.

그 작은 공동체가 훗날 협력의 범위를 넓혀 가며, 결국 유럽연합(EU)의 기초가 되었습니다. 장 모네는 소리치지 않았습니다. 명령하지도 않았습니다. 그러나 그는 한 가지를 끝까지 붙들었습니다. 대화, 그리고 신뢰. 그는 이런 취지로 말했습니다. "세상은 거대한 계획만으로 움직이지 않는다. 신뢰와 대화라는 작은 다리 위에서 움직인다." 장 모네의 삶은 우리에게 이렇게 묻습니다. "당신은 지금, 어떤 다리를 놓고 있는가?" 이 질문이 바로 NQ - 관계 엔진의 출발점입니다.

좋은 관계는 저절로 생기지 않는다

우리는 사회성을 흔히 이렇게 생각합니다. 사람들과 잘 어울리는 성격, 말을 잘하는 능력, 혹은 친화력이 좋은 유형 말입니다. 물론 이런 요소들은 관계의 시작을 돕습니다. 그러나 그것만으로 관계가 오래 유지되지는 않습니다.

성격은 관계의 출발점이 될 수는 있어도, 관계를 지속하게 만드는 장치는 되지 못합니다. 왜냐하면 관계는 좋은 날보다 어려운 날에 더 많이 시험받기 때문입니다. 오해가 생길 때, 서운함이 쌓일 때, 이해관계가 충돌할 때—그때 필요한 것은 분위기가 아니라 관계를 다시 작동하게 만드는 회로입니다.

이 책에서 말하는 NQ(Network Quotient)는 단지 사람을 많이 알고 지내는 능력이 아닙니다. NQ는 사람 사이를 연결하고, 신뢰를 축적하며, 공동체가 함께 움직이도록 만드는 내면의 관계 시스템입니다. NQ를 한 문장으로 정의하면 이렇습니다. NQ란 관계를 감정이 아니라 구조로 다루게 하는 내면의 엔진입니다.

말솜씨가 좋아서 관계가 깊어지는 것이 아닙니다. 관계가 깊어질 수 있도록 설계된 태도가 있기 때문에 관계는 오래 갑니다. 결국 관계는 우연히 좋아지지 않습니다. 관계는 반복된 선택과 의식적인 태도 속에서 만들어집니다.

관계가 무너지면 영향력도 무너진다

리더십은 단지 능력이나 기술로 움직이지 않습니다. 결국 사람 사이에 쌓인 신뢰가 리더십의 힘이 됩니다. 아무리 실력이 뛰어나더라도 관계가 무너지면 영향력은 오래 지속되기 어렵습니다. 많은 분들이 이렇게 말합니다. "사람 때문에 힘듭니다." "관계가 가장 어렵습니다." "가끔은 그냥 혼자 있고 싶습니다."

하지만 조금 더 깊이 들여다보면 문제의 핵심이 '사람' 자체라기보다 관계를 다루는 구조의 부재일 때가 많습니다. 관계를 관리하는 회로가 없으면 작은 오해가 감정의 상처로 이어지고, 상처는 말의 단절을 만들며, 그 단절은 결국 고립으로 굳어지기 쉽습니다.

이 과정은 대부분 조용히 진행됩니다. 큰 사건 때문이 아니라, 작은 관리 부재가 반복되면서 관계의 온도가 조금씩 식어 가는 것입니다. 말이 줄어들면 해석은 왜곡되기 쉽고, 왜곡된 해석은 다시 거리를 만들어 냅니다. 그렇게 관계는 어느 순간 갑자기 끝난 것처럼 보이지만, 사실은 오랫동안 천천히 멀어지고 있었던 경우가 많습니다.

반대로 NQ가 살아 있는 사람은 다릅니다. 갈등이 있어도 대화를 멈추지 않고, 상처가 있어도 연결의 끈을 놓지 않습니다. 관계는 완벽해서 유지되는 것이 아닙니다. 관계를 회복할 수 있는 회로가 있을 때 오래 지속됩니다. 그래서 NQ는 사람을 많이 사귀는 능력이 아니라, 관계가 흔들릴 때 다시 연결할 수 있는 힘입니다. 결국 영향력은 관계 위에서 자라고, 그 관계는 의식적인 관리와 훈련을 통해 유지됩니다.

관계는 결국 자산이 된다

NQ가 살아 있는 사람에게는 분명한 변화가 나타납니다. 먼저 관계의 온도가 달라집니다. 말보다 태도가 먼저 전해지고, 무엇을 말했는가보다 어떤 마음으로 대했는가가 더 오래 남습니다. 사람들은 말의 내용보다 관계 안에서 느낀 분위기를 기억하기 때문입니다.

또한 갈등을 대하는 시선이 달라집니다. 갈등을 관계의 끝으로 보지 않고, 함께 지나가야 할 과정으로 받아들이게 됩니다. 문제를 누가 만들었는가보다 어떻게 회복할 수 있을지를 먼저 생각하게 됩니다. 관계를 끊는 능력이 아니라,

관계를 다시 연결하는 능력이 자라나는 것입니다.

NQ가 살아 있으면 혼자가 아니라 함께 움직이게 됩니다. 일이 끝나도 사람이 남고, 프로젝트가 끝나도 관계가 이어집니다. 사역이 마무리되어도 신뢰는 계속 남아 다음 길을 만들어 줍니다. 결국 사람은 성과보다 관계를 기억합니다.

그리고 시간이 지날수록 신뢰는 자산이 됩니다. 한 번 쌓인 연결은 또 다른 기회로 확장되고, 관계는 소모가 아니라 성장의 통로가 됩니다. 그래서 NQ는 단순히 사람을 잘 사귀는 기술이 아니라, 사람과 함께 오래 갈 수 있는 구조를 만드는 힘입니다.

관계는 타고나는 성격이 아닙니다. 훈련의 결과입니다. 장 모네(Jean Monnet)가 뛰어난 성격 덕분에 성공한 것이 아니라, 서로 다른 사람들 사이에 신뢰를 세우는 선택을 반복했기 때문에 역사를 움직이는 연결을 만들 수 있었습니다. 관계 역시 감정만으로 유지되지 않습니다. 의식적인 태도와 반복되는 선택이라는 시스템이 필요합니다.

그리고 이제 관계는 구조가 된다

관계는 좋은 의지만으로 오래 유지되지 않습니다. 신뢰를 쌓고, 연결을 회복하며, 함께 성장하도록 돕는 반복 가능한 회로가 필요합니다. 그 핵심은 NQ의 4대 회로에 있습니다.

NQ 엔진 – 4대 회로 도표

번호	회로명	한 줄 질문	핵심 기능
1	인사 회로	나는 먼저 다가가고 있는가	관계의 첫 문을 여는 회로
2	소통 회로	나는 잘 표현하고 있는가	관계를 흐르게 하는 회로

번호	회로명	한 줄 질문	핵심 기능
3	존중 회로	나는 상대의 인격을 존중하는가	관계의 깊이를 만드는 회로
4	섬김 회로	나는 관계를 어떻게 지지하는가	관계를 오래가게 하는 회로

관계는 말로 시작되지 않습니다. 먼저 다가가는 용기로 열리고, 소통으로 흐르며, 존중으로 깊어지고, 섬김으로 오래갑니다. 네 회로가 함께 작동할 때 관계는 감정에 휘둘리는 부담이 아니라, 신뢰가 축적되는 네트워크가 됩니다. 이제 첫 번째 회로부터 살펴보겠습니다.

NQ 1회로: 인사 회로
먼저 다가갈 때 관계는 시작된다

사람을 만나면 주변의 공기가 먼저 바뀌는 사람이 있습니다. 마더 테레사(Mother Teresa)는 그런 사람이었습니다. 그녀를 직접 만난 이들은 한결같이 이렇게 증언합니다. 마더 테레사의 첫 행동은 언제나 말이 아니라 미소와 인사였다고 말입니다. 그녀는 바쁜 일정 속에서도 콜카타의 거리에서, 병든 이의 손을 먼저 붙들며 고개를 숙여 눈을 맞추었습니다.

그 미소가 문제를 해결해 주는 것은 아니었습니다. 그러나 그 미소와 인사는 사람의 마음을 닫힌 상태에서 대화 가능한 상태로 옮겨 놓았습니다. 상대는 "이 사람이 나를 본다", "나는 여기서 환영받는다"는 감각을 먼저 느꼈습니다. 관계의 문은 그 순간 열리기 시작했습니다. 마더 테레사는 거창한 언변으로 사람을 설득한 인물이 아니라, 먼저 다가가는 태도로 사람을 살린 인물이었습니다.

인사 회로란 관계를 시작하기 위해 가장 낮은 문턱에서 먼저 전류를 흘려보내는 인격의 기본 회로입니다. 미소는 분위기를 풀고, 인사는 존재를 인정합니다. 깊은 공감도 진지한 소통도, 신뢰도 모두 이 첫 단계 이후에 가능합니다. 관계는 말의 깊이보다 접근의 용기에서 갈라집니다.

이 회로가 약해지면 사람은 이렇게 반응합니다. 표정이 굳어 있고, 인사를 미루며, 마음속으로는 "상대가 먼저 오겠지"를 기다립니다. 그러다 관계는 시작조차 되지 못한 채 오해로 굳어집니다. 사실 문제는 마음이 없는 것이 아니라, 먼저 움직이지 않는 태도에 있습니다.

그래서 인사 회로를 다시 살리는 문장은 단순합니다. "나는 먼저 관계의 문을 여는 사람이다." 이 문장은 자신을 낮추는 선언이 아니라, 관계를 성숙하게 만드는 선택입니다. 오늘, 아주 작은 실천 하나면 충분합니다. 오늘 만나는 사람 한 명에게 눈을 보고, 이름을 붙여 인사해 보십시오. "○○님, 안녕하세요." 이 한 인사말이 관계의 흐름을 바꿀 수 있습니다.

인사는 단지 기술이 아닙니다. 인사는 태도이며, 인격의 첫 표현입니다. 성경의 하나님께서도 늘 먼저 다가오시는 분이셨습니다. "아담아, 네가 어디 있느냐"(창세기 3:9). 예수님의 사역 또한 언제나 접근과 인사로 시작되었습니다. "너희에게 평강이 있을지어다"(요한복음 20:19).

사도 바울 역시 마찬가지였습니다. 그는 신약성경의 여러 편지를 남긴 초대교회의 핵심 인물이지만, 가르침이나 권면보다 먼저 언제나 같은 인사로 편지를 시작합니다. "하나님 우리 아버지와 주 예수 그리스도로부터 은혜와 평강이 너희에게 있을지어다"(로마서 1:7).

이 인사는 단순한 형식이 아니었습니다. 바울에게 '은혜'는 하나님이 먼저 베푸시는 선물이었고, '평강'은 그 은혜로 회복된 관계의 열매였습니다. 그는 사람을 바꾸기 전에 먼저 마음을 열었고, 교회를 세우기 전에 먼저 관계를 세웠습니다. 그에게 인사는 예절이 아니라 인격의 질서였습니다.

그래서 인사는 단순한 예절이 아니라 상대방을 인격으로 인정하는 신앙적 행위입니다. 인격은 멀리서 완성되지 않습니다. 먼저 다가가는 이 한 걸음에서 시작됩니다.

NO 2회로: 소통 회로
말은 관계의 거리를 만든다

젊은 시절 헨리 포드(Henry Ford)는 자신이 설계한 엔진 아이디어를 들고 토마스 에디슨(Thomas Edison)을 찾아갑니다. 당시 많은 이들은 회의적이었고, 가능성이 없다고 말했습니다. 그러나 에디슨은 그의 설명을 들은 뒤 강하게 격려했다고 전해집니다. "계속해 보게. 자네는 옳은 길을 가고 있네." 그 한마디는 포드가 자신의 비전을 포기하지 않도록 붙잡아 준 결정적인 순간이었습니다.

이 말은 조언이 아니었습니다. 비판도, 수정 지시도 아니었습니다. 한 사람의 가능성을 그대로 믿어 주는 말이었습니다. 그리고 그 한마디는 포드의 인생을 앞으로 나아가게 했습니다. 칭찬은 상대를 띄워 주는 말이 아닙니다. 칭찬은 "당신 안에 이미 있는 가능성을 내가 보았다"는 선언입니다. 사람은 비난 앞에서 움츠러들지만, 신뢰받는 말 앞에서는 스스로를 넘어서기 시작합니다.

소통 회로란 말로 연결을 만들고, 말로 관계를 유지하며, 말로 사람을 살리는 내면의 습관 시스템입니다. 대화는 정보를 전달하는 기술이 아닙니다. 대화는 관계를 계속 숨 쉬게 하는 산소입니다. 말이 막히면 관계도 막히고, 말이 닫히면 마음도 닫힙니다. 그래서 소통의 핵심은 무엇을 말하느냐보다, 어떻게 말하고 어떻게 듣느냐에 있습니다.

먼저, 말하는 법입니다. 관계를 살리는 말에는 공통점이 있습니다. 판단보다 묘사가 먼저 나오고, 지적보다 공감이 앞섭니다. 예를 들어 "왜 그렇게 했어요?"라는 말 대신 "그때 많이 힘드셨겠어요."라고 말할 수 있습니다. 말의 방향이 바뀌면 상대의 방어도 함께 내려옵니다. 사람은 논리로 설득되기 전에, 안전하다고 느껴질 때 비로소 마음을 엽니다.

그러나 소통에서 더 중요한 것은 말하는 법보다, 듣는 법입니다. 많은 사람들은 대화를 하면서 사실은 온전히 듣지 못합니다. 이해하려 하기보다, 다음에 내가 할 말을 준비하고 있기 때문입니다. 진짜 듣는다는 것은 조언하기 전에 끝까지 들어 주는 것입니다. 고개를 끄덕이고 끼어들지 않고, "그래서 어떻게 되었어요?"라고 묻는 것만으로도 사람은 깊이 존중받고 있다고 느낍니다. 경청은 침묵이 아닙니다. 경청은 상대의 이야기를 끝까지 살아 있게 두는 태도입니다.

미국의 교육자이자 방송인 프레드 로저스(Fred Rogers)는 아이들에게 이렇게 말하곤 했습니다. "너는 너이기 때문에 특별해"(You are special just the way you are). 그가 사랑받은 이유는 말을 잘해서가 아니라, 상대의 감정을 있는 그대로 받아들이는 태도 때문이었습니다. 그는 설득하기 전에 먼저 들어주었습니다. 사람은 해결책보다 먼저 이해받는 경험을 필요로 합니다. 그래서 말 잘하는 사람보다, 마음을 잘 듣는 사람이 관계를 지켜 냅니다.

우리는 또 칭찬의 힘을 기억해야 합니다. 미국의 심리학자 윌리엄 제임스(William James)는 이렇게 말했습니다. "인간이 가장 깊이 갈망하는 것은 인정받고 싶다는 욕구이다." 칭찬은 사소해 보여도 사람의 자존감과 동기, 관계의 온도를 동시에 살립니다. 그리고 중요한 점은 이것입니다. 칭찬은 결과보다 태도를 향할 때 가장 강력해진다는 사실입니다. 예를 들어, "성과가 좋았어요"보다 "끝까지 책임지려는 태도가 인상 깊었어요"라는 말이 사람을 더 오래 성장하게 만듭니다.

소통 회로가 고장 나면 사람의 말은 점점 메말라 갑니다.

- 대화가 업무와 지시로만 끝나고
- 고마움을 느끼지만 표현하지 못하며
- 칭찬이 어색해 침묵으로 넘어가고
- 말이 자주 지적과 평가로 흐릅니다.

이때 관계는 무너지는 것이 아니라, 조용히 식어 갑니다. 그래서 오늘, 이 문장을 마음에 새겨 보셔도 좋겠습니다.

"나는 사람을 살리는 말을 선택한다."

그리고 아주 작게 실천해 보십시오. 오늘 한 사람에게 칭찬 한 문장을 건네는 것입니다.

"○○님, 오늘 _____이 정말 좋았습니다."
"○○님 덕분에 _____이 큰 도움이 됐습니다."

그 한 문장이 그 사람의 하루를 살릴 수도 있고, 관계를 다시 움직이게 할 수도 있습니다. 마지막으로 이 질문을 남깁니다.

· 나는 최근, 누구를 말로 살렸는가?
· 내 말은 관계를 따뜻하게 하는가, 차갑게 만드는가?

소통 회로는 말을 잘하게 만드는 기술이 아닙니다. 사람을 다시 숨 쉬게 만드는 선택입니다. 그리고 그 선택은 언제나, 내 입에서 나오는 한 문장으로 시작됩니다.

NQ 3회로: 존중 회로
존중은 관계의 깊이를 만든다

사람은 함께 있으면 마음이 편해지고, 자신이 존중받고 있다고 느끼게 하는 사람을 오래 기억합니다. 미국의 대통령이었던 시어도어 루즈벨트(Theodore Roosevelt)는 그런 인물로 자주 언급됩니다.

루즈벨트는 중요한 만남을 앞두면 상대가 무엇에 관심을 두고 있는지, 어떤 배경과 생각을 가지고 살아왔는지를 미리 공부했다고 전해집니다. 그는 단순히 정치적 계산을 하거나 대화를 유리하게 이끌기 위해 준비한 것이 아니었습니다. 그의 목적은 한 가지였습니다. 만나는 사람이 "나는 존중받고 있다"는 감각을 느끼게 하는 것이었습니다. 사람들은 그의 화려한 말솜씨보다, 자신을 중요하게 여기고 있다는 느낌 앞에서 먼저 마음을 열었습니다. 그는 권위로 사람을 움직이기보다 존중으로 사람을 세웠습니다.

존중 회로란 상대를 '대상'이나 '수단'이 아니라 하나의 인격으로 대하는 내면의 태도 구조입니다. 관심은 시선이지만, 존중은 거리입니다. 관심은 다가가게 만들고, 존중은 넘지 말아야 할 선을 지키게 합니다. 그래서 존중이 빠진 관심은 쉽게 간섭이 되고, 배려 없는 친밀함은 관계를 지치게 만듭니다. 독일의 철학자 임마누엘 칸트(Immanuel Kant)는 이렇게 말했습니다. "사람을 언제나 목적 그 자체로 대하라. 결코 수단으로 대하지 말라." 존중이란 바로 이 원칙을 관계 속에서 살아 있게 만드는 태도입니다.

이 회로가 약해지면 사람은 자신도 모르게 관계를 소모하기 시작합니다. 상대의 말이 끝나기 전에 끼어들고, 친하다는 이유로 예의를 내려놓으며, 도움이라는 이름으로 경계를 넘습니다. 가까운 사람일수록 존중을 더 쉽게 잃고, 그 결과 관계는 서서히 숨이 막히기 시작합니다. 문제는 악의가 아니라 무의식입니다. 존중을 훈련하지 않으면 우리는 '편함'을 '무례함'으로 바꾸게 됩니다.

존중 회로를 다시 살리는 질문은 길지 않습니다. "나는 지금 이 사람을, 한 인격으로 대하고 있는가?" 미국의 사상가 랄프 왈도 에머슨(Ralph Waldo Emerson)은 이렇게 말했습니다. "모든 사람은 내가 알지 못하는 무언가를 알고 있다." 이 문장을 기억하는 순간, 우리는 말을 줄이고 귀를 엽니다. 판단보다 이해를, 결론보다 경청을 먼저 선택하게 됩니다.

사람은 관심으로 다가오지만, 존중 앞에서 머뭅니다. 존중받는 관계 안에서 사람은 방어를 내려놓고, 자기다움을 회복합니다. 그래서 존중은 관계를 멀어지게 하는 거리가 아니라, 오래 함께 가게 하는 간격입니다. 존중은 친밀함이 깊어질수록 더 의식적으로 지켜야 할 질서입니다.

존중 회로는 관계를 화려하게 만들지는 않습니다. 그러나 쉽게 무너지지 않도록 붙들어 주는 인격의 중심축입니다. 말 잘하는 사람보다, 사람을 존중하는 사람이 오래 남습니다. 그리고 사람은 결국, 자신을 한 인격으로 대해 준 사람을 잊지 않습니다.

NQ 4회로: 섬김 회로
작은 섬김이 관계를 오래가게 한다

사람은 큰 말을 해 준 사람보다, 작은 친절을 오래 보여 준 사람을 더 오래 기억합니다. 시간이 지나도 기억에 남는 사람은 대단한 조언을 한 사람이 아니라, 곁에서 조용히 마음을 편하게 해 준 사람입니다.

세계적인 투자자로 알려진 워렌 버핏(Warren Buffett)은 많은 사람들에게 성공의 비결을 묻는 질문을 받아 왔습니다. 그는 투자 전략이나 숫자 이야기보다 '사람을 어떻게 대하느냐'에 대해 자주 강조했습니다. 한 인터뷰에서는 이런 취지의 말을 했다고 전해집니다. 좋은 평판은 수십 년 동안 반복된 작은 행동으로 만들어지지만, 단 한 번의 무례로도 쉽게 무너질 수 있다는 것입니다.

버핏 주변 사람들의 이야기를 들어 보면 흥미로운 공통점이 있습니다. 그는 세계 최고의 부자 중 한 사람이지만, 직원이나 동료를 대할 때는 늘 같은 태도를 유지했다고 합니다. 이름을 기억하고, 작은 도움에도 고마움을 표현하며, 상대가 중요하게 여기는 일을 존중하는 태도 말입니다. 사람들은 그의 투자 성과보다도, 일관되게 사람을 대하는 그 태도를 더 오래 기억했습니다. 결국 그가 말한 '평판'은 명성이 아니라 관계 속에서 쌓인 신뢰였던 것입니다.

섬김 회로란 내 편함보다 상대를 한 번 더 생각하는 인격의 습관입니다. 섬김은 자신을 낮추는 기술이 아니라, 관계의 질서를 세우는 강함입니다. 작은 친절 하나, 한 번의 배려, 한 걸음 먼저 움직이는 행동이 관계를 지탱하는 보이지 않는 기둥이 됩니다. 영국의 작가 루이스(C. S. Lewis)는 이렇게 말했습니다. "겸손은 나만 생각하지 않고 다른 사람을 먼저 배려하는 마음이다."

이 회로가 약해지면 사람은 쉽게 계산하기 시작합니다. "내가 왜 해야 하지?" "이건 내 일이 아니잖아." 바쁘다는 이유로 말이 거칠어지고, 도움 요청이 부담처럼 느껴지며, 친절이 손해처럼 보이기 시작합니다. 그러나 관계는 효율로 유지되지 않습니다. 계산이 앞서기 시작하는 순간, 관계는 이미 비용이 되고 맙니다. 섬김이 사라진 자리에 남는 것은 차가운 거래뿐입니다.

섬김 회로를 다시 살리는 길은 거창하지 않습니다. 오히려 너무 작아서 사람들이 자주 지나치는 선택들입니다. 문을 먼저 잡아 주는 일, 누군가의 일을 말 없이 정리해 주는 일, 짧은 감사 메시지 하나를 보내는 일. 이런 행동들은 세상을 바꾸지는 않지만, 관계의 공기를 바꿉니다. 마더 테레사(Mother Teresa)는 이렇게 말했습니다. "우리는 모두 큰 일을 할 수는 없습니다. 그러나 큰 사랑으로 작은 일은 할 수 있습니다."

섬김은 사랑의 감정을 남깁니다. 함께 있어도 긴장하지 않아도 되는 사람, 곁에 있으면 마음이 조금 가벼워지는 사람으로 기억되게 합니다. 성경에서도 예수님은 섬김을 선택 사항이 아니라 관계의 본질로 보여 주셨습니다. "인자가 온 것은 섬김을 받으려 함이 아니라 섬기려 하고"(마가복음 10:45). 그분의 리더십은 권위를 내세우는 방식이 아니라, 몸을 낮추어 섬기는 행동이었습니다.

섬김 회로는 사람을 이용하지 않게 하고, 관계를 오래가게 합니다. 오늘, 단 하나면 충분합니다. 누군가에게 편안함을 남기는 작은 행동 하나. 그 한 번의 선택이 쌓여, 당신을 다시 찾게 만드는 사람으로 남게 할 것입니다.

NQ 엔진 – 관계 성장 흐름 도표

회로	회로명	핵심 작동	관계의 변화
1회로	인사 회로	먼저 다가간다	관계의 문이 열린다
2회로	소통 회로	말과 경청으로 연결한다	관계가 움직이기 시작한다
3회로	존중 회로	인격과 경계를 지킨다	관계의 깊이가 생긴다
4회로	섬김 회로	작은 행동으로 지지한다	관계가 오래 지속된다

관계는 말로 설명되지 않습니다. 섬김으로 기억됩니다. NQ 엔진의 흐름을 요약하면, 관계는 인사로 시작되고, 소통으로 살아나며, 존중으로 깊어지고, 섬김으로 지속됩니다.

NQ 엔진 통합 루틴
관계는 훈련될 때 신뢰가 된다

사람은 혼자 살아갈 수 없습니다. 그러나 관계는 저절로 깊어지지 않습니다. 우리가 관계에서 반복해서 상처받는 이유는 사람이 나빠서가 아니라, 관계를 다루는 구조가 없기 때문입니다. 관계도 근육처럼 훈련이 필요합니다. 말 한 마디, 표정 하나, 작은 배려 하나가 의식적으로 반복될 때 비로소 신뢰라는 결과가 만들어집니다.

NQ는 타고나는 성격이 아닙니다. NQ는 매일 반복되는 작은 선택으로 작동하는 관계 엔진입니다. 이 작은 반복이 멈춰 있던 관계의 회로에 다시 전류를 흐르게 합니다.

① 관계 점화 — 인사: 먼저 다가갈 때 관계는 시작된다

오늘 만나는 사람 한 명을 떠올리며 눈을 보고 이름을 부르며 인사해 보십시오.

"○○님, 안녕하세요?"

인사는 단순한 예절이 아니라 신호입니다.

"나는 당신을 인식하고 있습니다."
"당신은 나에게 중요한 존재입니다."

관계는 깊은 대화 이전에, 먼저 다가가는 용기에서 시작됩니다. 이 한 문장이 관계 엔진의 시동 스위치가 됩니다.

② 관계 연결 — 소통: 말은 관계를 움직이는 방향이다

오늘 고마웠던 사람 한 명을 떠올리고 짧은 칭찬 문장을 만들어 보십시오.

"오늘 ○○ 덕분에 정말 도움이 되었습니다."
"당신의 그 말이 큰 힘이 되었습니다."

소통은 말의 양이 아니라 방향입니다. 칭찬은 상대의 존재가 보인다는 신호이며, 대화는 관계를 살아 있게 만드는 산소입니다. 말은 사람을 밀어낼 수도 있고, 다시 일어서게 할 수도 있습니다. 오늘, 당신의 말은 관계를 어디로 움직였습니까?

③ 관계 심화 — 존중: 관계의 깊이를 만든다

오늘 나눈 대화 하나를 떠올리며 이 문장을 마음속으로 완성해 보십시오.

"그 사람 입장에서는 어땠을까?"

존중은 동의가 아닙니다. 존중은 상대의 세계를 함부로 축소하지 않는 태도입니다. 말을 끊지 않고, 판단을 미루고, 경계를 지켜 주는 순간 관계는 오해에서 이해로 이동합니다. 존중 없는 관심은 간섭이 되지만, 존중 있는 침묵은 신뢰가 됩니다.

④ 관계 지속 — 섬김: 작은 행동이 신뢰를 남긴다

오늘 작은 친절 하나를 선택해 보십시오.

- **문을 먼저 열어 주기**
- **자리를 조용히 정리해 주기**
- **짧은 감사 메시지 보내기**

섬김은 큰 희생이 아닙니다. 관계를 지지하기로 한 작은 선택의 반복입니다. 이 작은 행동들은 눈에 띄지 않지만, 신뢰를 가장 오래 남깁니다.

관계는 특별한 순간에 만들어지지 않습니다. 매일 반복되는 작은 선택 속에서 조용히 쌓여 갑니다. 오늘 당신이 건넨 한 번의 인사, 한 마디의 칭찬, 한 번의 기다림이 내일의 신뢰를 만듭니다. 그리고 그 신뢰는 결국, 혼자가 아닌 함께 오래 가는 삶을 가능하게 합니다.

관계가 바뀌면 인생의 온도도 바뀐다

우리는 종종 이렇게 말합니다. "사람이 문제야." 그러나 더 정확한 말은 이 것입니다. "관계를 훈련하는 구조가 없다." NQ는 사람을 바꾸는 기술이 아니라, 사람을 대하는 나의 태도를 재설계하는 엔진입니다. 관계가 바뀌면 삶의 분위기가 바뀌고, 신뢰가 쌓이면 리더십의 길도 열립니다. 오늘, 당신의 관계 엔진에 전류를 흘려보십시오.

"나는 사람을 연결하는 리더다."

이 선언이 반복될수록 당신의 인생 네트워크는 조용히, 그러나 분명하게 다시 움직이기 시작할 것입니다. 관계는 거창한 순간에 바뀌지 않습니다. 오늘 누군가에게 먼저 건넨 한마디, 한 번의 경청, 작은 배려가 결국 당신의 인생을 둘러싼 사람들을 바꾸기 시작합니다. 그리고 어느 날 돌아보면, 당신은 단지 사람을 모으는 사람이 아니라 사람을 살리는 사람이 되어 있을 것입니다.

> **지혜의 묵상**
> *"관계는 큰 말이 아니라,*
> *반복되는 작은 존중과 섬김 속에서 자란다."*
>
> — 홍영기

EQ – 역량 엔진
성장 | 실력은 어떻게 만들어지는가

> 실력은 순간의 성과가 아닙니다.
> 아무도 보지 않을 때 지켜 낸 기준이 쌓인 결과입니다.
> EQ는 신뢰를 만들어 내는 역량의 엔진입니다.

바로 내가 압니다

바티칸의 시스티나 성당(Sistine Chapel) 천장은 사람의 시선을 아득히 위로 끌어올릴 만큼 높습니다. 그 높은 천장 아래에서 한 남자가 비좁은 비계(작업 발판) 위에 누운 채 오랜 시간 그림을 그렸습니다. 고개는 뒤로 젖혀졌고, 물감은 얼굴로 떨어졌으며, 몸은 늘 통증 속에 있었습니다. 그 사람은 르네상스 시대의 거장 미켈란젤로(Michelangelo)였습니다.

그는 사람들이 거의 보지 못할 천장 구석까지도 한 붓 한 붓 정성스럽게 채워 나갔습니다. 어느 날, 작업을 지켜보던 사람이 말했습니다. "저기까지는 잘 보이지 않는데요. 굳이 그렇게까지 정성 들일 필요가 있을까요?" 미켈란젤로는 붓을 잠시 멈추고 조용히 대답했습니다. "바로 내가 압니다."

그 한마디에는 그의 삶의 기준이 담겨 있었습니다. 남이 보느냐가 아니라, 내가 나를 속이지 않느냐가 기준이었습니다. 그의 작품이 오늘날까지 명작으로 남은 이유는 단순한 기술이 아니라, 보이지 않는 곳에서도 기준을 지킨 태도였습니다.

실력은 무대에서 만들어지지 않습니다.
아무도 보지 않는 시간에서 만들어집니다.

이 이야기는 우리에게 이렇게 묻습니다. "아무도 보지 않을 때도, 나는 여전히 최선을 다하고 있는가?" 그 질문이 바로 EQ, 역량 엔진의 출발점입니다.

전문성은 재능보다 반복에서 완성된다

EQ(Expertise Quotient)는 역량, 곧 전문성을 관리하고 축적하는 내면의 엔진입니다. 쉽게 말하면, 시간이 지나도 사라지지 않는 실력을 만들어 내는 힘입니다. 역량은 결국 전문성으로 증명되고, 그 전문성은 사람들의 신뢰로 쌓여 갑니다. 그래서 전문성은 단순히 '잘한다'는 평가가 아니라, 시간이 지나도 흔들리지 않는 지속 가능한 실력이라고 할 수 있습니다.

우리는 흔히 전문성을 스펙이나 자격증, 경력, 실적 같은 결과로 생각합니다. 물론 그것들도 중요합니다. 그러나 그것들은 어디까지나 눈에 보이는 결과일 뿐, 전문성의 본질 자체는 아닙니다. 진짜 전문성은 한 사람이 자신의 분야 안에서 꾸준히 성장하고, 기준을 잃지 않으며, 결국 결과를 만들어 내도록 자신을 관리하는 내면의 구조에서 시작됩니다.

EQ(Expertise Quotient)란 바로 그런 힘입니다. 맡은 일을 끝까지 책임지게 만드는 내적 기준, 그리고 시간이 흐를수록 더욱 단단해지는 실행의 태도입니다. EQ는 단순한 기술이 아닙니다. 아무도 보지 않을 때도 기준을 지키게 만드는 힘이며, 반복되는 훈련 속에서 실력을 신뢰로 바꾸는 과정입니다.

전문성은 타고나는 재능이 아닙니다. 오히려 매일 반복되는 태도 속에서 조금씩 만들어집니다. 잘하는 사람과 오래 신뢰받는 사람의 차이는 재능보다도 이 반복의 힘에 있습니다.

열정은 시작이고 실력은 지속이다

오늘날 많은 사람들이 이렇게 말합니다. "나는 열심히 하는데 인정받지 못합니다." "기회는 있는데 늘 준비가 부족한 느낌입니다." "한계에 부딪힌 것 같습니다." 문제는 열정이 없는 것이 아닙니다. 실력을 쌓아 가는 구조가 없기 때문입니다. 열정은 상황에 따라 쉽게 흔들리지만, 전문성은 어려운 순간에도 사람을 지탱합니다. 감정이 흔들릴 때도 기준이 남아 있고, 자신감이 떨어질 때도 실력이 버팀목이 되어 줍니다.

EQ가 약하면 기회 앞에서 준비되지 못하고, 성과는 일시적으로 끝나며, 신뢰는 쉽게 쌓이지 않습니다. 반대로 EQ가 살아 있는 사람은 다릅니다. 말을 많이 하지 않아도 결과가 먼저 이야기하고, 시간이 지날수록 실력이 그 사람을 대신 소개합니다. 결국 전문성은 개인의 가장 강력한 브랜드가 됩니다.

실력은 하루아침에 완성되지 않습니다. 그러나 한 번 쌓이기 시작하면 누구도 쉽게 빼앗을 수 없습니다. 그래서 EQ는 단지 능력을 높이는 문제가 아니라, 자신의 삶을 오래 지탱해 줄 기반을 세우는 일입니다.

실력은 결국 신뢰로 남는다

EQ가 작동하는 사람에게는 분명한 변화가 나타납니다. 먼저, 자기만의 기준이 생깁니다. 남이 보지 않아도 스스로 타협하지 않으며, 외부 평가보다 내적 기준이 행동을 이끌기 시작합니다. 그 결과 같은 시간, 같은 자원을 사용해도 결과의 밀도가 달라집니다. 작은 일에서도 완성도가 높아지고, 맡은 일은 자연스럽게 신뢰로 연결됩니다.

사람들은 결국 말보다 결과를 기억합니다. 무엇을 이야기했는가보다 실제로 무엇을 해냈는가를 봅니다. 그래서 EQ가 살아 있는 사람 곁에는 시간이 흐를수록 신뢰가 쌓입니다. 그리고 그 신뢰는 또 다른 기회를 불러옵니다. 억지로 문을 두드리지 않아도, 실력이 다음 문을 스스로 열어 주는 것입니다.

전문성은 특별한 천재성에서 시작되지 않습니다. 오히려 보이지 않는 순간에도 기준을 지키는 태도의 반복에서 만들어집니다. 미켈란젤로(Michelangelo)가 위대한 이유는 타고난 재능만이 아니라, 아무도 보지 않는 곳에서도 자신의 최상의 기준을 지켰기 때문입니다. 그는 완성도를 타협하지 않았고, 그 태도가 결국 명작을 남겼습니다. EQ는 바로 그 힘입니다. 보이지 않는 순간에도 기준을 지키는 힘, 그리고 반복되는 태도를 통해 실력을 신뢰로 바꾸는 힘입니다.

그리고 이제 전문성은 구조가 된다

전문성은 우연히 자라지 않습니다. 작은 기준들이 반복될 때, 그것은 어느 순간 하나의 성장 구조가 되어 삶 전체를 지탱하기 시작합니다. 이제 우리는 이 전문성의 엔진이 어떻게 성장하는지 살펴보려 합니다. 그 핵심은 EQ의 4단계 성장 루틴에 있습니다.

EQ 4대 회로 도표

번호	회로명	한 줄 질문	핵심 기능
1	방향 회로	왜 이 전문성을 선택했는가	전문성의 목적과 방향 설정
2	강점 회로	나만의 무기는 무엇인가	차별화된 실력 집중
3	피드백 회로	나는 누구에게 점검받는가	성장 속도를 높이는 교정 구조
4	숙련 회로	나는 무엇을 반복하고 있는가	실력을 습관으로 고정

전문성은 재능만으로 오래 버틸 수 없습니다. 방향이 있어야 흔들리지 않고,

강점에 집중할 때 힘이 모이며, 피드백을 통해 길이 교정됩니다. 그리고 반복을 통해 숙련이 쌓일 때 비로소 실력은 몸에 새겨집니다. 이 네 개의 회로가 함께 작동할 때, 실력은 일시적인 성과에 머물지 않습니다. 시간이 흐를수록 더 깊어지고, 결국 사람들에게 신뢰로 기억됩니다. EQ는 단순히 "잘하고 싶다"는 바람이 아닙니다. 시간이 지날수록 더 잘하게 될 수밖에 없는 구조를 만들어 가는 과정입니다. 이제, 그 첫 번째 단계인 방향 회로부터 살펴보겠습니다.

EQ 1회로: 방향 회로
방향이 있을 때 기준은 흔들리지 않는다

전문성의 차이는 재능에서 시작되지 않습니다. 대부분은 방향에서 갈립니다. 같은 일을 오래 해도 어떤 사람은 점점 단단해지고, 어떤 사람은 점점 지쳐 갑니다. 그 차이는 "얼마나 열심히 했는가"가 아니라, "왜 이 일을 하고 있는가"에 있습니다.

미국의 흑인 인권운동가 마틴 루터 킹 주니어(Martin Luther King Jr.)는 단지 말을 잘하는 지도자가 아니었습니다. 그는 수많은 위협과 투옥, 폭력 앞에서도 멈추지 않았습니다. 주변 사람들은 그에게 타협하라고 조언했고, 잠시 물러나도 충분히 이해받을 수 있는 상황이었습니다. 그러나 그는 물러서지 않았습니다. 이유는 단순했습니다. 이 싸움이 자신의 직업이나 명성을 위한 일이 아니라, 자신이 반드시 붙들어야 할 방향이라고 믿었기 때문입니다.

그는 이렇게 말했습니다. "옳은 일을 해야 할 이유가 분명하다면, 그 대가는 감당할 수 있다." 킹 목사는 상황이 좋아서 버틴 사람이 아니었습니다. 오히려 상황은 계속 나빠졌습니다. 그럼에도 그는 방향을 잃지 않았습니다. 그의 힘은 환경에서 나오지 않았고, 평가에서 나오지도 않았습니다. '왜 이 일을 하는가'에 대한 분명한 기준에서 나왔습니다. 이 지점이 바로 EQ의 첫 번째 회로, 방향 회로입니다.

방향 회로란, 내가 하는 일을 성과·보상·기분이 아니라 가치·의미·사명으로 붙들게 만드는 내면의 기준 시스템입니다. 이 회로가 작동하지 않으면 전문성은 쉽게 흔들립니다. 실력이 부족해서가 아니라, 기준이 없기 때문입니다. 방향 회로가 약해질 때 사람은 자주 이렇게 말합니다. "왜 이 일을 하는지 모르겠어요." "처음엔 의미 있었는데, 지금은 그냥 버티는 것 같아요." "평가에 따라 기분이 너무 왔다 갔다 해요." 이는 목표는 있는데 방향이 없는 상태입니다. 그래서 작은 비판에도 크게 흔들리고, 비교가 시작되는 순간 자기 길을 잃습니다.

반대로 방향 회로가 분명한 사람은 다릅니다. 상황이 흔들려도 중심이 무너지지 않습니다. 결과가 늦어도 포기하지 않습니다. 평가가 나빠도 기준을 바꾸지 않습니다. 왜냐하면 그 사람은 성공을 쫓는 사람이 아니라, 방향을 붙드는 사람이기 때문입니다.

그래서 방향 회로의 회복 언어는 단순하지만 강력합니다. "나는 성과를 쫓는 사람이 아니라, 방향을 세우는 사람이다." 이 문장은 스스로를 위로하기 위한 말이 아니라, 기준을 다시 세우는 선언입니다.

방향 회로는 거창한 계획에서 시작되지 않습니다. 오히려 아주 짧은 질문에서 다시 살아납니다. 오늘 하루를 시작하며, 또는 다시 마음이 흐트러질 때 이렇게 물어보십시오. "내가 이 일을 하는 이유는 무엇인가?" "이 일을 통해 내가 만들고 싶은 변화는 무엇인가?" 그리고 마지막으로 한 문장을 덧붙여 보십시오. "그래서 오늘 나는 이것만은 포기하지 않는다."

방향이 분명해지는 순간, 전문성은 달라집니다. 같은 시간을 써도 소모되지 않고, 같은 일을 해도 축적됩니다. 방향은 속도를 보장하지는 않지만, 끝까지 가게 만드는 힘을 줍니다. EQ의 출발점은 실력이 아니라, 왜 이 일을 하는가라는 기준입니다. 그 질문에 대한 당신만의 문장이 있을 때, 전문성은 비로소 엔진처럼 작동하기 시작합니다.

EQ 2회로: 강점 회로
강점에 집중할 때 사람은 자기 길을 찾는다

사람은 누구나 한 번쯤 좌절합니다. 그러나 어떤 사람은 좌절을 핑계로 멈추고, 어떤 사람은 좌절을 기준으로 삼아 다시 시작합니다. 강점 회로는 바로 이 갈림길에서 작동합니다.

농구 역사상 가장 위대한 선수로 불리는 마이클 조던(Michael Jordan)은 고등학교 시절, 학교 대표 농구팀 선발에서 탈락했습니다. 그는 그날 집으로 돌아와 방에서 한참을 울었다고 회상합니다. 재능이 부족해서가 아니라, 기대가 컸기에 더 아팠던 실패였습니다. 그러나 그 좌절은 조던을 멈추게 하지 않았습니다. 오히려 그는 매일 누구보다 먼저 체육관에 들어가 누구보다 늦게 나오는 훈련을 반복했습니다. 중요한 것은 그가 무엇을 붙잡고 훈련했는가입니다.

그는 모든 것을 평균 이상으로 만들려 하지 않았습니다. 패스, 수비, 체력, 전술—모두 중요했지만, 그의 초점은 분명했습니다. 결정적인 순간에 책임을 지는 능력, 승부처에서 득점으로 경기를 끝내는 힘, 그 한 가지를 자신의 무기로 삼았습니다. 그는 이렇게 말했습니다.

**"나는 실패를 받아들일 수 있다.
하지만 시도하지 않는 것은 받아들일 수 없다."**

이 말은 단순한 투지가 아닙니다. 자신의 가능성을 외면하지 않겠다는 선언입니다. 조던의 위대함은 타고난 재능의 총합이 아니라, 자신의 강점을 정확히 인식하고 그 강점을 정체성의 중심으로 끝까지 밀어붙인 태도에서 나왔습니다. 그의 강점은 모든 것을 잘하려는 능력이 아니라, 결정적인 순간에 책임을 지는 능력이었습니다.

강점 회로란 나의 재능·경험·성향 속에 이미 존재하는 가능성을 의도적인 집중과 반복을 통해 '전문성'으로 굳혀 가는 내면의 시스템입니다. 사람은 약점을 고치느라 평생을 보낼 수 있습니다. 그러나 그렇게 만들어지는 것은 대체 가능한 평균일 뿐입니다. 리더는 약점을 관리하지만, 인생의 무게중심은 언제나 강점 위에 둡니다. 강점이 분명할수록 사람은 비교에서 자유로워지고, 자기 길을 흔들림 없이 걷게 됩니다.

강점 회로가 약해지면 이런 신호들이 나타납니다. "나는 특별히 잘하는 게 없어." "남들보다 뒤처지는 것 같아." 이것저것 시도하지만 깊어지지 않고, 칭찬을 받아도 스스로 인정하지 못합니다. 문제는 재능이 없어서가 아니라, 집중하지 않았기 때문입니다. 그래서 강점 회로의 회복 언어는 이 한 문장입니다. "나는 부족함을 고치는 사람이라기보다는, 가능성을 더 키우는 사람이다." 이 문장은 현실을 외면하는 말이 아니라, 성장의 방향을 바로잡는 기준 선언입니다.

강점은 어느 날 갑자기 발견되지 않습니다. 대부분 이미 반복되고 있는 일 속에 숨어 있습니다. 사람들이 나에게 자주 부탁하는 일, 내가 할 때 시간이 빠르게 지나가는 영역, 남들보다 상대적으로 수월하게 성과가 나는 지점. 그 반복 속에 강점의 씨앗이 있습니다. 그 씨앗을 붙잡고 키우십시오. 강점은 키울수록 또렷해지고, 또렷해질수록 당신을 대체 불가능한 사람으로 만듭니다. 잘하는 것을 키울 때, 사람은 경쟁자가 아니라 자기만의 정체성을 가진 사람이 됩니다.

2000년대 초, 저는 교회성장학과 리더십 분야의 세계적인 권위자인 피터 와그너(Peter Wagner) 박사의 통역자로 그를 가까이에서 만날 기회가 있었습니다. 여의도 켄싱턴 호텔에서 리더십에 대해 조언을 구했을 때, 그는 짧게 이렇게 말했습니다.

"Know your strength, and strengthen it."
(너의 강점을 알고, 그것을 더욱 키워라.)

그 한 마디는 지금까지도 제 리더십의 방향을 붙들어 준 기준이 되었습니다. 지도자는 약점이 없는 사람이 아니라 강점이 강한 사람입니다. 이것이 EQ 강점 회로가 작동하는 방식입니다.

EQ 3회로: 피드백 회로
성장은 혼자 완성되지 않는다

사람은 스스로 성장한다고 믿고 싶어 합니다. 스스로 결정했고, 스스로 책임졌으며, 여기까지도 혼자 왔다고 말하고 싶습니다. 그러나 인생의 중요한 전환점들을 가만히 돌아보면, 대부분 그 순간에는 나를 깨우는 한 사람이 있었습니다. 한마디 조언, 하나의 질문, 때로는 따끔한 지적 하나가 방향을 바꾸어 놓았습니다. 피드백 회로는 바로 그 지점에서 작동합니다. 혼자의 힘이 아니라, 관계 속 통찰이 성장의 속도를 바꾸는 회로입니다.

마이크로소프트를 세운 빌 게이츠(Bill Gates)는 세계 최고 수준의 성공을 이룬 이후에도 한 가지 원칙을 놓지 않았습니다. 그는 "성공하고 싶다면, 멘토를 가져라"고 말합니다. 특히 인상적인 것은, 그가 여전히 워런 버핏에게 정기적으로 조언을 구한다는 사실입니다. 이미 정상에 오른 사람이, 자신보다 한 걸음 앞선 시선을 필요로 했다는 점입니다. 게이츠는 "그와 대화하고 나면, 내 사고가 더 넓어진다"고 말합니다. 이는 겸손의 미덕을 말하는 문장이 아닙니다. 성장의 구조를 정확히 이해한 사람의 고백입니다.

피드백 회로란 나보다 먼저 그 길을 걸어본 사람의 경험과 통찰을 통해 시행착오의 시간을 단축하는 내면의 성장 시스템입니다. 멘토는 답을 대신 주는 사람이 아닙니다. 오히려 더 불편하지만 정확한 질문을 던져 줍니다. 내가 보지 못한 사각지대를 비추고, 감정이 아닌 방향을 보게 합니다. 그래서 피드백은 위로보다 때로 더 아프고, 공감보다 더 불편합니다. 그러나 그 불편함이 성장을 가속합니다.

피드백 회로가 약해지면 사람은 점점 혼자 싸우기 시작합니다. 고민은 깊어지지만 방향은 좁아지고, 결정은 반복되지만 결과는 달라지지 않습니다. 조언을 들으면 고맙다고 말하면서도, 속으로는 방어부터 작동합니다. "내가 더 잘알아." "내 상황은 달라." 그렇게 말하는 순간, 성장은 멈춥니다. 문제는 능력이 부족해서가 아니라, 배우는 통로를 닫았기 때문입니다.

그래서 피드백 회로의 회복 언어는 이 한 문장입니다. "나는 완성된 사람이 아니라, 배우는 사람이다." 이 문장은 나를 낮추는 말이 아닙니다. 오히려 성장의 문을 다시 여는 선언입니다. 배우는 사람만이 계속 확장됩니다. 이미 다 안다고 느끼는 순간, 사람은 더 이상 자라지 않습니다.

성장은 결코 고독한 과정이 아닙니다. 빠르게 가고 싶다면 혼자 갈 수 있습니다. 그러나 멀리 가고 싶다면 반드시 함께 가야 합니다. 나보다 한 걸음 앞서있는 사람의 시선, 나를 객관화해 주는 관계, 나의 생각을 흔들어 주는 질문이 있을 때 인생의 궤도는 달라집니다. 오늘, 단 한 사람의 이름을 떠올려 보십시오. 그리고 질문 하나, 감사 한 문장을 건네 보십시오. 그 작은 연결이 피드백 회로의 전류를 다시 흐르게 할 것입니다. 혼자 완벽해지려 애쓰는 사람보다, 함께 성장하려는 사람이 결국 더 멀리 갑니다. 이것이 EQ 피드백 회로가 작동하는 방식입니다.

EQ 4회로: 숙련 회로
반복이 실력을 완성한다

사람은 어느 날 갑자기 능숙해지지 않습니다. 탁월함은 재능의 번뜩임이 아니라, 시간이 쌓인 결과입니다. 우리는 흔히 '결정적인 순간'을 이야기하지만,

그 순간을 가능하게 만드는 것은 늘 반복된 하루입니다. 숙련 회로는 바로 이 지점에서 작동합니다. 무엇을 얼마나 오래 반복했는가가 결국 그 사람의 수준을 만듭니다.

세계적인 바이올리니스트 이차크 펄만(Itzhak Perlman)은 연습의 중요성을 설명하며 음악계에 널리 전해지는 이런 말을 자주 인용했습니다. "연습을 하루 쉬면, 나는 안다. 이틀 쉬면, 평론가가 안다. 사흘 쉬면, 청중이 안다." 이 말은 완벽주의자의 강박이 아닙니다. 실력이 어떻게 유지되고, 또 어떻게 무너지는지를 정확히 꿰뚫는 통찰입니다. 그의 연주는 재능의 산물이 아니라, 시간을 어디에 어떻게 반복 투자했는가의 결과였습니다.

한국 골프 역사에서 한 시대를 바꾼 선수 박세리 역시 같은 진리를 보여 준 인물입니다. 1998년, 외환위기로 온 나라가 침체되어 있던 시기였습니다. 그녀는 미국 LPGA 무대에 도전했고, 누구도 쉽게 성공을 예측하지 못했습니다. 낯선 환경, 거친 코스, 거대한 압박 속에서도 그녀는 흔들리지 않았습니다.

많은 사람들은 맨발로 연못에 들어가 공을 쳤던 그 유명한 장면만 기억합니다. 그러나 그 순간을 가능하게 만든 것은 화려한 승부욕이 아니라, 수년간 반복된 훈련이었습니다. 하루에도 수백 번 같은 스윙을 반복하고, 기본기를 다시 점검하며, 작은 자세 하나까지 끝없이 다듬는 시간들이 있었습니다.

박세리 선수는 특별한 하루가 아니라, 평범한 하루를 수없이 반복하며 자신의 실력을 만들어 갔습니다. 그리고 결국 그 숙련이 압박 속에서도 흔들리지 않는 힘이 되었습니다. 그녀의 승리는 개인의 성공을 넘어, 당시 많은 한국인들에게 "포기하지 않는 반복이 결국 길을 만든다"는 희망의 메시지가 되었습니다.

숙련 회로란 내 시간과 에너지를 의도적으로 반복 투자하여 전문성이 자연스럽게 드러나는 습관으로 만들어 가는 내면의 시스템입니다. 사람은 말로 성장하지 않습니다. 계획만으로도 변하지 않습니다. 시간이 반복적으로 투입된 영역에서만 실력은 자동화됩니다. 시간 투자가 없는 훈련은 오래가지 못하고, 훈련 없는 시간 투자는 쉽게 낭비가 됩니다. 이 두 가지가 하나로 연결될 때, 전문성은 비로소 엔진처럼 작동하기 시작합니다.

숙련 회로가 약해지면 삶에는 익숙한 신호들이 나타납니다.

늘 바쁜데 실력은 늘지 않습니다.
중요한 훈련보다 급한 일에 시간을 빼앗깁니다.
배움은 많은데 삶에 남는 것이 없습니다.
시작은 하지만 끝까지 가지 못합니다.

"다시 해야지"라는 말이 반복되지만 구조는 바뀌지 않습니다. 이것은 의지의 문제가 아닙니다. 훈련이 시간에서 분리되어 있기 때문입니다. 그래서 숙련 회로의 회복 언어는 이 한 문장입니다.

나는 단지 시간을 관리하는 사람이 아니라,
성장을 반복 설계하는 사람이다.

이 문장은 다짐이 아니라 선언입니다. 하루의 배선을 다시 짜겠다는 결단입니다. 성공은 강한 감정에서 나오지 않습니다. 체크된 반복에서 만들어집니다. 오늘 밤, 단 하나만 정해 보십시오. 나를 키울 한 가지 훈련을 선택하십시오. 독서든, 연습이든, 연구든, 글쓰기든 상관없습니다. 그리고 내일의 시간표에서 가장 먼저 30분을 예약하십시오. 남는 시간이 아니라, 우선 시간입니다. 그날 실천했다면 감정 평가 대신 표시 하나만 남기십시오. 숙련은 감정의 기복이 아니라, 반복의 누적에서 완성됩니다.

당신이 반복하는 시간이 결국 당신이 됩니다. 지금의 하루가 1년 뒤의 당신을 만든다면, 그 방향은 괜찮습니까? 이 질문에 정직해질 때, EQ 숙련 회로는 다시 힘을 얻기 시작합니다. 이것이 반복 훈련이 인생을 바꾸는 방식입니다. 전문성은 단지 재능이 아니라, 시간이 반복적으로 증명한 결과입니다.

EQ 엔진 통합 루틴
실력은 관리될 때 탁월해진다

사람은 누구나 열심히 일합니다. 그러나 시간이 흐를수록 결과의 격차가 벌어지는 이유는 분명합니다. 성공하는 사람은 더 많이 일해서가 아니라, 자신의 성장을 다르게 관리하고 반복하기 때문입니다.

전문성은 타고나는 재능만으로 완성되지 않습니다. 방향이 분명히 정렬되고, 강점이 집중되며, 피드백이 순환하고, 훈련이 시간 속에 고정될 때 비로소 실력은 신뢰로 축적됩니다. EQ는 "잘하고 싶다"는 마음이 아니라, 잘하게 될 수밖에 없는 하루의 구조입니다. 하루의 짧은 시간만 의식적으로 투자해도 전문성의 회로는 다시 살아나기 시작합니다.

① 방향 점화 — 사명 선언

먼저 자신의 전문성을 한 문장으로 정의해 보십시오.

"나는 ＿＿＿＿＿＿을 통해 ＿＿＿＿＿＿을 돕는다."

이 짧은 문장은 오늘의 선택과 집중을 정렬하는 방향 스위치가 됩니다. 방향이 분명해질수록 노력은 흩어지지 않고 차곡차곡 축적됩니다. 방향은 열정보다는 사명에서 나옵니다.

② 성장 연결 — 강점 집중

오늘 하루 중 가장 몰입했던 순간을 떠올려 보십시오.

"나는 _____할 때 가장 에너지가 살아난다."

강점은 발견되는 것이 아니라 반복될 때 무기가 됩니다. 이 질문은 당신의 전문성을 평균적인 능력에서 '나만의 정체성'으로 이동시킵니다.

③ 피드백 증폭 — 멘토 점검

오늘 들은 조언이나 마음에 남은 질문 하나를 기록해 보십시오.

"오늘 나를 다시 점검하게 만든 한 문장: _____"

피드백은 평가가 아니라 성장의 속도를 높이는 교정 장치입니다. 혼자 고민하는 시간을 줄일수록 성장의 곡선은 더 가파르게 올라갑니다.

④ 시간 충전 — 집중 투자

오늘 가장 중요한 일 하나에 짧게라도 온전히 몰입해 보십시오. 잠시 휴대폰을 내려놓고, 잡생각을 멈춘 채 한 가지에 집중합니다. 집중은 의지가 아니라 전문성을 충전하는 전력선입니다. 짧은 시간이라도 매일 연결될 때 실력은 몸에 남기 시작합니다.

⑤ 실력 축적 — 반복 훈련

오늘 실천한 행동 하나에 작은 표시를 남겨 보십시오.

"나는 오늘 _____을 반복했다."

성장은 감정이 아니라 체크의 누적입니다. 이 작은 반복들이 쌓여 결국 전문성을 증명하는 힘이 됩니다.

실력이 바뀌면 인생의 위치도 바뀐다

우리는 종종 이렇게 말합니다. "기회가 없어요." 그러나 더 정확한 말은 이것일지도 모릅니다. "준비된 구조가 없습니다." EQ는 성공을 보장하지 않습니다. 대신 성장하는 시스템을 만듭니다. 방향을 세우고, 강점을 키우고, 피드백을 순환시키며, 훈련을 시간에 고정할 때 전문성은 더 이상 불안한 능력이 아니라 신뢰할 수 있는 실력으로 자리 잡습니다.

오늘, 당신의 EQ 엔진에 다시 전류를 흘려보십시오.

"나는 매일 1% 더 성장하는 사람이다."

이 작은 선언이 쌓일수록 당신의 실력은 조용히, 그러나 분명하게 당신을 더 높은 자리로 이끌어 갈 것입니다.

> **지혜의 묵상**
> *"재능은 시작을 돕지만, 반복은 결국 전문성을 만든다."*
> — 홍영기

BQ – 에너지 엔진
지속 | 끝까지 가는 사람의 비밀

> 몸은 삶의 속도를 결정합니다.
> 에너지가 멈추면 마음과 생각도 함께 멈춥니다.
> BQ 는 오래 가는 삶을 가능하게 하는 지속의 엔진입니다.

몸이 멈추면 인생도 멈춘다

일본의 소설가 하루키 무라카미(Haruki Murakami)는 오래 글을 쓰기 위해 먼저 몸을 훈련한 사람입니다. 그는 처음부터 작가의 길을 걷던 인물이 아니었습니다. 젊은 시절에는 도쿄에서 작은 재즈 카페를 운영하며 살아가고 있었습니다.

1978년 어느 닐, 그는 야구 경기를 보던 중 문득 자신도 소설을 써 보고 싶다는 생각이 들었다고 회고합니다. 그 일을 계기로 밤마다 조금씩 글을 쓰기 시작했고, 결국 첫 작품을 완성하면서 작가의 길에 들어서게 되었습니다.

하지만 소설가의 삶은 낭만만으로 지속될 수 있는 길이 아니었습니다. 오랜 시간 앉아서 글을 쓰는 생활이 계속되자 그는 체력의 한계를 느끼기 시작했습니다. 집중력은 쉽게 떨어지고, 글을 쓰는 시간도 길게 유지하기 어려워졌습니다. 그때 그는 한 가지 사실을 깨달았습니다. 오래 쓰기 위해서는 오래 버틸 수 있는 몸이 필요하다는 것이었습니다.

그 이후 그는 규칙적으로 달리기를 시작했습니다. 달리기는 단순한 운동이 아니라, 글쓰기를 지속하기 위한 생활의 리듬이 되었습니다. 그는 자신의 에세이에서 반복적인 신체 훈련이 창작 생활을 지탱해 준다고 설명합니다. "오래 쓰려면, 오래 달릴 수 있어야 한다." 몸의 리듬이 유지될 때 생각도 오래 흐를 수 있다는 것이었습니다.

그에게 달리기는 취미가 아니라, 작가로 살아가기 위한 생존 방식이었습니다. 몸이 무너지면 글도 멈춘다는 사실을 그는 누구보다 일찍 이해했던 것입니다. 이 이야기는 우리에게 한 가지 질문을 던집니다. "당신의 몸은, 지금 당신의 삶을 어디까지 데려갈 수 있습니까?" 그리고 바로 여기서 BQ(Body Quotient), 에너지 엔진의 이야기가 시작됩니다.

체력은 버티는 힘이 아니라 오래가는 시스템이다

우리는 보통 체력을 이렇게 생각합니다. 운동을 잘하는가, 힘이 센가, 몸이 건강해 보이는가와 같은 기준입니다. 그러나 삶에서 정말 중요한 체력은 조금 다릅니다. 지쳐도 다시 일어설 수 있는 힘, 한 번의 열심이 아니라 오래 지속할 수 있는 힘, 감정이 흔들려도 삶을 계속 움직이게 하는 기반 ─ 그것이 진짜 체력입니다.

이 책에서 말하는 BQ(Body Quotient)는 단순한 건강 지표가 아닙니다. BQ는 얼마나 오래, 안정적으로, 그리고 흔들림 없이 자신의 삶과 사명을 이어갈 수 있는지를 결정하는 에너지 관리의 엔진입니다. 아무리 좋은 계획과 뛰어난 재능, 뜨거운 열정이 있어도 몸이 따라주지 않으면 모든 것은 잠시 반짝였다가 멈추기 쉽습니다. 많은 사람들이 의지가 부족해서 지치는 것이 아닙니다. 지속할 수 있는 구조가 없기 때문에 멈추게 되는 것입니다. BQ는 우리에게 이렇게 질문합니다.

"당신의 인생은 지금 몇 km를 더 달릴 수 있습니까?"

체력은 성과를 만들어 내는 힘이라기보다, 성과가 오래 유지되도록 붙들어 주는 기반입니다. BQ가 살아 있는 사람은 에너지를 무작정 소모하지 않습니다. 대신 자신의 에너지 흐름을 이해하고, 회복과 사용의 균형을 의식적으로 관리합니다.

결국 체력은 근육의 문제가 아니라 구조의 문제입니다. 오래 가는 사람은 특별히 강한 사람이 아니라, 자신의 에너지를 지혜롭게 관리하는 사람입니다. 그리고 바로 그 지점에서 BQ — 에너지 엔진은 본격적으로 작동하기 시작합니다.

열정은 꺼져도 체력은 남는다

많은 사람들이 지쳐 있을 때 가장 먼저 의지를 의심합니다. "요즘 의욕이 없습니다." "예전처럼 열심히 할 수 없습니다." "조금만 해도 금방 지칩니다." 그러나 문제는 열정이 아닐 수 있습니다. 대부분의 경우, 연료가 거의 남지 않은 상태에서 엔진을 계속 돌려 왔기 때문입니다. 열정은 감정이기에 쉽게 올라갔다 내려가지만, 체력은 구조이기에 관리하면 오래 유지될 수 있습니다.

열정만으로 달리는 사람은 처음에는 빠르게 나아갑니다. 하지만 기반이 없으면 어느 순간 멈출 수밖에 없습니다. 반대로 BQ가 살아 있는 사람은 속도가 조금 느릴지라도 끝까지 갑니다. 인생은 단거리 경주가 아니라, 오래 운영해야 하는 장거리 여정이기 때문입니다. 지금 지쳐 있는 것이 당신이 약해서가 아닐 수 있습니다. 지속 가능한 몸의 구조 없이 너무 오래 버텨 왔기 때문일지도 모릅니다.

몸이 흔들리면 마음과 생각도 흔들린다

우리는 문제를 마음이나 생각에서 찾으려 합니다. "마음을 다잡아야 한다", "생각을 바꿔야 한다"고 말합니다. 하지만 많은 경우, 흔들림의 시작은 몸에서 시작됩니다. 잠이 부족하면 감정은 쉽게 무너지고, 판단은 흐려지며, 작은 일에도 예민해집니다. 반대로 몸의 리듬이 안정되면 감정은 덜 흔들리고, 집중력은 길어지며, 결정은 더 명확해집니다.

BQ는 단순히 몸을 관리하는 기술이 아닙니다. 감정의 균형과 사고의 선명함을 함께 지탱하는 기초 전력 시스템입니다. 그래서 BQ는 우리에게 이렇게 묻습니다. "지금 당신이 겪고 있는 문제는 의지의 부족이 아니라, 에너지의 부족은 아닙니까?" 몸이 무너지면 마음도 함께 무너지고, 생각도 함께 흐려집니다. 그러나 몸이 살아나기 시작하면 삶 전체의 리듬도 함께 회복되기 시작합니다.

BQ가 있으면 무엇이 달라지는가?

BQ가 작동하는 사람은 기분이 좋을 때만 움직이지 않습니다. 그들은 에너지가 생기기를 기다리기보다, 에너지가 흐를 수 있는 구조를 먼저 만듭니다. 그래서 이렇게 말하지 않습니다. "오늘은 할 기분이 나지 않아요." 대신 이렇게 생각합니다. "지금 필요한 것은 기분이 아니라 구조입니다." 피곤한 날에도 최소한의 루틴은 유지되고, 지친 날에도 삶의 기본 리듬은 무너지지 않습니다. BQ는 감정에 따라 흔들리는 에너지를 줄이고, 삶을 안정적으로 유지하게 만드는 시스템입니다.

BQ가 살아 있는 사람은 삶의 리듬이 정리됩니다. 그래서 바쁨에 휘둘려 살지 않습니다. 언제 쉬고, 언제 회복하며, 언제 집중하고, 언제 멈춰야 하는지를 알고 있습니다. 그래서 삶은 소모전이 아니라 관리 가능한 구조가 됩니다. 많은 경우 리더십이 무너지는 이유는 방향을 잃어서가 아니라, 삶의 리듬이 먼저 무너졌기 때문입니다.

BQ는 의지로 버티는 힘이 아닙니다. 반복 가능하도록 설계된 에너지 운영 시스템입니다. 몸은 의지로만 버텨지지 않습니다. 에너지는 회복되고, 채워지고, 움직임 속에서 순환하며, 감정의 상태에 따라 소모되거나 보존됩니다. 그래서 BQ는 단순한 체력 관리가 아닙니다. 에너지가 지속적으로 흐르도록 삶을 설계하는 방식입니다.

그리고 이제 BQ는 구조가 된다

에너지는 의지로 끌어올리는 것이 아니라, 반복 가능한 흐름으로 설계될 때 오래 유지됩니다. 몸을 이해하고 관리하는 방식이 달라질 때, 삶의 속도와 지속력도 함께 달라집니다. 지금부터 살펴볼 네 개의 회로는 당신의 에너지를 '버티는 힘'에서 '순환되는 힘'으로 바꾸는 핵심 구조입니다.

BQ 엔진 – 4대 회로 도표

번호	회로명	한 줄 질문	핵심 기능
1	회복 회로	나는 충분히 회복하고 있는가	휴식과 수면을 통해 에너지를 재충전하는 회로
2	연료 회로	나는 무엇으로 내 몸을 채우고 있는가	음식과 영양으로 몸의 기본 상태를 관리하는 회로
3	활력 회로	나는 몸을 제대로 움직이고 있는가	신체 활동을 통해 에너지를 순환시키는 회로
4	정서 회로	나는 감정을 어떻게 관리하고 있는가	웃음과 감정 조절로 에너지 소모를 줄이는 회로

몸은 의지로 버티는 것이 아니라, 리듬으로 회복되고 연료로 유지됩니다. 움

직임 속에서 살아나고, 감정 속에서 소모되거나 보존됩니다. 이 네 개의 회로가 함께 작동할 때 사람은 더 이상 버티는 에너지가 아니라, 순환되는 에너지로 살아가게 됩니다. 이제, 첫 번째 회로부터 함께 살펴보겠습니다.

BQ 1회로: 회복 회로
쉼이 없으면 에너지는 회복되지 않는다

많은 사람들은 멈추지 않으면 더 강해질 수 있다고 믿습니다. 조금만 더 버티면 괜찮아질 것 같고, 이번 고비만 넘기면 숨을 돌릴 수 있을 것이라고 생각합니다. 그러나 몸은 결코 거짓말하지 않습니다. 쉼 없이 달려온 사람에게 몸은 반드시 신호를 보냅니다. 회복 회로는 바로 그 신호 앞에서 작동해야 하는 첫 번째 생존 시스템입니다.

미국의 방송인이자 리더로 널리 알려진 오프라 윈프리 (Oprah Winfrey) 역시 한때 하루 대부분을 일로 채우며 성공을 향해 달리던 시기가 있었습니다. 모든 것이 잘되고 있는 것처럼 보였지만, 어느 날 이유 없이 눈물이 쏟아지고 몸이 말을 듣지 않는 경험을 하게 되었다고 합니다. 병원을 찾았지만 특별한 병명은 없었습니다. 대신 그녀가 들은 말은 이것이었습니다. "당신은 병이 난 것이 아니라, 고갈된 상태입니다."

그 말은 그녀의 삶을 잠시 멈추게 했고, 동시에 다시 살리기 시작했습니다. 이후 그녀는 일정한 휴식과 명상의 시간을 삶 속에 의도적으로 배치하기 시작했습니다. 그리고 훗날 이렇게 말합니다. "쉼은 멈춤이 아니라, 다시 시작하기 위한 준비입니다." 그녀에게 휴식은 사치가 아니라 다음 단계를 가능하게 하는 재시동이었습니다.

회복 회로란 단순한 위로나 기분 전환이 아닙니다. 이것은 신경계와 호르몬, 면역 시스템을 다시 정상 궤도로 되돌리는 에너지 재생 시스템입니다. 사람은 마음만으로 회복되지 않습니다. 몸이 먼저 "안전하다"고 느낄 때, 감정과 사고 역시 다시 안정되기 시작합니다. 이 회로가 무너지면 아무리 강한 의지와 훌륭한 계획이 있어도 삶은 방전된 상태로 움직이게 됩니다.

회복에서 가장 강력하지만 가장 과소평가되는 요소는 수면입니다. 수면은 단순히 피로를 푸는 시간이 아니라 몸과 뇌가 동시에 재정비되는 시간입니다. 이때 뇌는 감정을 정리하고 기억을 재배열하며, 신체는 손상된 세포를 복구하고 면역 체계를 회복합니다. 잠자는 동안 우리는 아무것도 하지 않는 것이 아니라, 가장 중요한 회복 작업을 하고 있는 셈입니다.

여기서 중요한 사실이 있습니다. 수면은 얼마나 오래 잤는가보다 얼마나 일정했는가가 더 중요합니다. 매일 잠드는 시간과 깨는 시간이 크게 흔들리면 충분히 자더라도 회복 효율은 떨어집니다. 반대로 일정한 리듬을 유지하면 짧은 시간의 수면이라도 에너지와 집중력이 훨씬 안정적으로 유지됩니다. 몸은 시간을 기억하기 때문입니다.

회복 회로가 약해질 때 삶에는 분명한 신호가 나타납니다. 충분히 잤는데도 개운하지 않고, 작은 일에도 쉽게 지치며, 머리가 자주 멍해집니다. 감정의 기복이 커지고 사소한 자극에도 예민해집니다. 이것은 나약함의 증거가 아닙니다. 쉼이 끊긴 몸이 보내는 구조적인 경고입니다.

그래서 회복 회로의 회복 언어는 이 한 문장입니다.

"나는 쉼을 허락받은 존재입니다."

이 말은 게으름을 정당화하는 선언이 아닙니다. 인간의 몸이 회복을 통해 다시 작동하도록 설계되었다는 사실을 인정하는 태도입니다. 쉼을 거부하는 사람은 강한 사람이 아니라, 오래 버티기 어려운 사람입니다.

저는 가까이 지내던 한 친구를 떠올립니다. 그는 박사 과정을 마치고 여러 대학의 최고위 과정을 이수했으며, 영성과 지성을 함께 갖춘 사람이었습니다.

교육 기관의 책임자로 일하며 많은 사람을 돕고, 쉼 없이 사역과 강의를 이어 갔습니다. 어느 날 기업 코칭을 마친 뒤 감사의 자리로 초대받아 골프 라운드를 하던 중, 그는 갑작스러운 심장마비로 세상을 떠났습니다. 아직 예순도 되지 않은 나이였습니다. 그 일을 통해 저는 깊이 깨달았습니다. 열정은 삶을 앞으로 나아가게 할 수 있지만, 회복 없는 열정은 결국 몸이 감당하지 못한다는 사실을 말입니다. 몸은 우리의 열정을 따라가지 않습니다. 우리가 만든 리듬을 따라갑니다.

지금 이 순간, 아주 짧게라도 회복의 신호를 몸에 보내 보십시오. 눈을 감고 4초 동안 숨을 들이마시고, 6초 동안 천천히 내쉬는 호흡을 다섯 번 반복해 보십시오. 이 단순한 행동만으로도 신경계는 "안전하다"는 메시지를 받기 시작합니다. 회복은 긴 휴가에서 시작되지 않습니다. 의도적으로 잠시 멈추는 순간에서 시작됩니다. 스스로에게 조용히 물어보십시오.

- **나는 언제 마지막으로 진짜 쉼을 가졌습니까?**
- **쉼 없는 노력은 지금 나를 어디로 데려가고 있습니까?**
- **오늘 나에게 가장 필요한 휴식은 무엇입니까?**

몸이 회복되면 감정이 살아나고, 감정이 회복되면 삶의 리듬이 다시 돌아옵니다. BQ의 출발점은 운동이나 성과가 아니라 회복입니다. 이 회로가 다시 연결될 때, 당신의 인생 엔진은 무리 없이 다시 움직이기 시작합니다.

BQ 2회로: 연료 회로
무엇을 먹느냐가 에너지의 질을 결정한다

사람은 생각으로 판단한다고 믿지만, 실제로는 몸의 상태가 생각의 질을 좌우하는 경우가 훨씬 많습니다. 집중이 흐려질 때, 감정이 예민해질 때, 판단이 흔들릴 때 우리는 보통 의지나 마음가짐을 먼저 점검합니다. 그러나 놓치기 쉬운 질문이 하나 있습니다. 지금 내 몸은 어떤 연료로 움직이고 있는가? 연료 회로는 바로 이 지점에서 작동합니다.

행동경제학자 다니엘 카너먼(Daniel Kahneman)의 연구는 이 사실을 흥미롭게 보여 줍니다. 한 연구에서는 판사들의 판결 패턴을 분석했는데, 식사 직후에는 가석방을 허락하는 비율이 높았지만 시간이 지나 배고픔이 쌓일수록 결정은 점점 더 보수적으로 변했습니다. 같은 법과 같은 기준을 적용했음에도 판단의 방향이 달라진 이유는 의지가 아니라 몸의 에너지 상태였습니다.

이 연구는 중요한 사실을 말해 줍니다. 사람은 생각으로만 결정하지 않습니다. 몸의 연료 상태 위에서 생각하고, 몸의 컨디션 안에서 판단합니다. 연료가 안정될 때 사고는 맑아지고, 에너지가 흔들릴 때 판단 역시 흔들립니다. 그래서 연료 회로의 핵심은 단순합니다. 무엇을 먹느냐는 단지 건강의 문제가 아니라, 삶의 결정력을 관리하는 문제입니다.

연료 회로란 혈당과 호르몬, 신경계를 안정시켜 에너지를 일정하게 공급하는 시스템입니다. 음식은 단순히 배를 채우는 수단이 아닙니다. 무엇을 먹느냐에 따라 집중의 깊이도, 감정의 폭도 달라집니다. 식사 후 극심한 졸림, 단 음식에 대한 반복적 의존, 이유 없는 에너지 급락은 대부분 의지의 문제가 아니라 연료 회로의 문제입니다.

세계보건기구(WHO)는 건강한 식단의 기본 원칙을 매우 단순하게 설명합니다. 채소와 과일, 통곡물, 콩류, 견과류 같은 자연식 중심의 식단이 기본이 되어야 하며, 하루 최소 400g 이상의 채소와 과일을 권장합니다. 또한 당분과 과도한 가공식품은 줄이고, 균형 잡힌 지방과 단백질을 섭취할 것을 강조합니다.

이 기준을 실제 생활로 옮기면 어렵지 않습니다. 예를 들어 이런 음식들은 연료 회로를 안정적으로 도와줍니다.

· 몸과 뇌를 동시에 깨우는 기본 연료

 -현미, 귀리, 보리 같은 통곡물

 - 렌틸콩, 병아리콩, 두부 같은 식물성 단백질

 - 달걀, 생선(특히 연어·고등어 등)

 - 아보카도, 견과류, 올리브오일 같은 건강한 지방

 - 시금치, 브로콜리, 토마토 등 짙은 색 채소

· 에너지 급락을 부르는 연료

 - 당이 많이 들어간 음료

 - 과도한 디저트와 정제 탄수화물

 - 지나치게 자극적인 인스턴트 음식

 (세계 심장학회는 첨가당을 가능한 한 줄일 것을 권고합니다.)

여기서 중요한 것은 완벽한 식단이 아닙니다. 방향입니다. 건강한 식사는 다이어트의 문제가 아니라, 오래 사명을 감당하기 위한 에너지 관리입니다. 몸의 리듬이 안정되면 감정도 안정되고, 사고도 맑아집니다.

성경 속 다니엘은 왕의 진미 대신 채소와 물을 선택했습니다. 절제된 식사를 선택한 그의 모습은 더 건강하고 분별력 있는 인물로 묘사됩니다(다니엘서 1:12-16). 음식의 절제는 단순한 건강 습관이 아니라 인격과 집중력을 지키는 태도였습니다. 그래서 연료 회로의 회복 언어는 단순합니다.

"나는 나를 살리는 것을 먹는다."

이 말은 금욕의 선언이 아니라 방향의 선언입니다. 무엇을 포기할 것인가보다, 무엇을 선택할 것인가의 문제입니다. 오늘 한 끼만이라도 천천히 먹어 보십시오. 20번 이상 씹으며 몸의 반응을 느껴 보십시오. 물 한 잔을 더 마시고, 한 접시에 채소를 조금 더 늘려 보십시오. 이런 작은 선택이 연료 회로를 다시 안정시키기 시작합니다.

음식을 다루는 방식은 결국 자신을 다루는 방식입니다. 연료가 바뀌면 에너지가 바뀌고, 에너지가 바뀌면 사고가 바뀝니다. 그리고 사고가 바뀌면 삶의 방향도 조금씩 달라지기 시작합니다.

BQ 3회로: 활력 회로
몸이 움직일 때 생각도 살아난다

사람은 생각으로 움직인다고 믿지만, 실제로는 몸의 상태가 생각의 깊이를 좌우하는 경우가 많습니다. 머리가 막히고 의욕이 사라질 때 우리는 보통 더 오래 고민하려 합니다. 그러나 많은 리더들은 정반대의 선택을 해왔습니다. 생각이 막힐수록 몸부터 움직였습니다. 활력 회로는 바로 이 지점에서 작동합니다.

활력 회로란 몸의 혈류와 산소 공급을 활성화하여 에너지와 사고력을 동시에 깨우는 시스템입니다. 몸을 움직이면 심장이 빨라지고 뇌로 가는 혈류가 증가합니다. 감정 조절과 집중을 담당하는 뇌 영역도 다시 활성화됩니다. 그래서 움직임은 단순한 체력 관리가 아니라 사고를 다시 작동시키는 가장 빠른 방법이 됩니다.

이 회로가 약해지면 특징적인 신호들이 나타납니다. 몸은 크게 피곤하지 않은데 의욕이 없고, 하루 종일 앉아 있으면서 머리가 멍해집니다. 감정 기복이 커지고 작은 일에도 쉽게 흔들립니다. 이것은 나태함의 문제가 아닙니다. 몸의 정체가 사고의 정체로 이어진 결과입니다. 그래서 활력 회로의 회복 언어는 단순합니다.

"나는 움직이며 생각하는 사람입니다."

이 문장은 운동선수가 되겠다는 선언이 아니라, 사고와 영혼을 깨우는 방식을 바꾸겠다는 선택입니다.

인도의 지도자 마하트마 간디 (Mahatma Gandhi)는 평생 걷기를 삶의 중요한 리듬으로 유지했던 인물로 알려져 있습니다. 그는 이동이 가능할 때에도 종종 걷기를 선택했고, 복잡한 정치적 상황 속에서도 걷는 시간을 루틴에서 빼지 않았습니다. 걷기는 그에게 단순한 이동이 아니라 생각을 정리하고 마음을 가다듬는 시간이었습니다. 몸이 움직일 때 마음도 함께 움직였고, 생각은 더 선명해졌습니다. 그가 보여준 '걷는 리더십'은 속도보다 방향, 성취보다 지속 가능성의 상징으로 남아 있습니다. 그는 몸만 단련한 것이 아니라, 삶의 리듬을 단련했습니다.

중요한 것은 과도한 운동이 아닙니다. 무리한 훈련은 오히려 회복을 방해할 수 있습니다. 핵심은 지속 가능한 움직임입니다. 어떤 운동이든 자신의 삶의 리듬 속에서 반복될 수 있어야 의미가 있습니다.

지금 이 순간, 아주 작게 시작해 보십시오. 자리에서 일어나 잠시 걷고, 굳은 어깨와 허리를 가볍게 풀어 보십시오. 단 몇 분의 움직임만으로도 몸은 "다시 움직여도 괜찮다"는 신호를 받기 시작합니다.

운동은 거창한 목표가 아닙니다. 하루의 리듬을 다시 켜는 작은 선택입니다. 몸이 살아나면 생각도 살아나고, 생각이 살아나면 다시 앞으로 걸어갈 힘이 생깁니다. 이것이 BQ 활력 회로가 인생을 다시 움직이게 하는 방식입니다.

BQ 4회로: 정서 회로
감정이 안정될 때 에너지는 오래 간다

우리는 감정을 흔히 마음의 문제로만 생각합니다. 기분이 좋으면 좋은 것이고, 나쁘면 견뎌야 할 것으로 여깁니다. 그러나 감정은 생각보다 훨씬 빠르게 몸에 영향을 미칩니다. 같은 상황에서도 어떤 사람은 금세 지치고, 어떤 사람은 다시 일어설 수 있는 이유는 감정이 몸의 에너지를 어디로 흐르게 하느냐에 달려 있기 때문입니다. 정서 회로는 바로 이 지점에서 작동합니다.

제2차 세계대전이라는 극한의 상황 속에서도 유머를 잃지 않았던 영국의 지도자 윈스턴 처칠 (Winston Churchill)은 정서 회로가 살아 있는 리더의 대표적인 사례로 자주 언급됩니다. 폭격이 이어지던 어느 날, 참모가 "지금은 웃을 상황이 아닙니다"라고 말하자 그는 이렇게 답했다고 전해집니다. "우리가 웃지 못한다면, 우리는 이미 진 것이다." 그에게 웃음은 가벼움이 아니라 두려움에 잠식되지 않기 위한 정신의 방어막이었습니다. 감정의 주도권을 스스로 지키겠다는 선택이었습니다.

정서 회로란 웃음과 긍정 감정을 통해 신경계를 안정시키고 몸의 에너지 방향을 다시 회복시키는 시스템입니다. 감정은 생각보다 먼저 몸에 신호를 보냅니다. 웃음은 긴장을 낮추고, 긍정 감정은 회복 속도를 높입니다. 그래서 정서 회로가 살아 있는 사람은 같은 상황에서도 덜 소모되고 더 빨리 회복합니다.

현대 심리학도 이 원리를 뒷받침합니다. 긍정심리학의 창시자로 알려진 마틴 셀리그만 (Martin Seligman)은 낙관성은 타고나는 성격이 아니라 훈련될 수 있는 능력이라고 말합니다. 긍정 언어, 감사 표현, 웃음 같은 반복적인 정서 습관은 실제로 집중력과 회복력, 신체적 안정성에도 긍정적인 영향을 준다는 것입니다. 다시 말해 웃음과 긍정 감정은 단순한 기분이 아니라 몸의 에너지 흐름을 조절하는 기술입니다.

스트레스가 모두 나쁜 것은 아닙니다. 적절한 긴장은 집중력을 높이고, 도전을 가능하게 합니다. 문제는 스트레스의 존재가 아니라 그것을 어떻게 다루느냐입니다. 관리되지 않는 스트레스는 몸을 소모시키지만, 조율된 스트레스는 오히려 성장을 자극합니다. 스트레스는 사라져야 할 적이 아니라 조율되어야 할 에너지입니다. 관리된 스트레스(stress)는 결국 강점(strength)으로 전환될 수 있습니다.

정서 회로가 약해지면 분명한 신호가 나타납니다. 얼굴과 어깨의 긴장이 쉽게 풀리지 않고, 작은 자극에도 예민해집니다. 이유 없는 피로가 쌓이고, 부정적인 말이 자동처럼 튀어나옵니다. 삶에서 웃음이 사라지고 모든 것이 무겁게 느껴집니다. 이것은 성격의 문제가 아니라 정서 에너지의 흐름이 막혔다는 신호입니다. 그래서 정서 회로의 회복 언어는 단순합니다.

나는 오늘도 가볍게 웃고, 내 감정을 스스로 조율합니다.

이 문장은 현실을 부정하는 말이 아닙니다. 몸의 긴장을 낮추는 회복 신호입니다. 상황은 바뀌지 않을 수 있지만, 그 상황을 견디는 몸의 방식은 바뀔 수 있습니다. 오늘 아주 짧게라도 정서 회로를 사용해 보십시오. 잠시 웃을 수 있는 영상을 보거나, 감사한 일 세 가지를 떠올려 보셔도 좋습니다. 중요한 것은 깊이가 아니라 빈도입니다. 정서 회로는 짧고 자주 사용할수록 더 빨리 살아납니다.

성경 역시 이 원리를 간결하게 표현합니다. "마음의 즐거움은 양약이라도, 심령의 근심은 뼈를 마르게 하느니라"(잠언 17:22). "하루 한 번 실컷 웃으면 의사를 멀리할 수 있다"는 말도 과장이 아닙니다. 몸은 상황보다 감정에 먼저 반응합니다. 그래서 정서 회로는 BQ의 마지막이면서도 핵심입니다.

감정의 방향이 바뀌면 몸의 에너지가 달라지고, 몸의 에너지가 달라지면 삶의 흐름도 달라지기 시작합니다. 웃음은 가장 빠른 회복 기술이며, 긍정 감정은 에너지를 살리는 방향키입니다. 그리고 이 방향키를 스스로 선택할 수 있는 사람은 어떤 상황에서도 다시 일어설 수 있습니다.

BQ 엔진 통합 루틴
에너지는 관리될 때 오래 간다

사람은 누구나 지칩니다. 그러나 어떤 사람은 다시 회복하고, 어떤 사람은 서서히 소진됩니다. 그 차이는 체력의 크기가 아니라 구조의 유무에서 시작됩니다. 에너지는 의지로 유지되지 않습니다. 버틴다고 오래 가는 것도 아닙니다. 에너지는 관리될 때 지속됩니다.

BQ는 타고나는 체력이 아닙니다. BQ는 매일 반복되는 에너지 관리 시스템입니다. 무너지기 전에 겨우 버티는 삶이 아니라, 지치지 않도록 설계된 삶을 위한 엔진입니다. 작은 실천이 반복될 때 몸은 다시 안정되고, 삶의 리듬은 천천히 회복됩니다.

① 회복 점화 — 휴식 회로

먼저 에너지의 출발점을 회복에 두십시오. 잠시 멈추고 천천히 호흡하며 몸에 안전하다는 신호를 보내십시오. 그리고 마음속으로 이렇게 말해 보십시오.

"나는 멈춤 속에서 다시 살아납니다."

쉼은 게으름이 아니라 다시 움직이기 위한 재시동입니다. 멈추는 법을 아는 사람만이 오래 갑니다.

② 연료 연결 — 음식 회로

몸에 들어오는 에너지의 질을 돌아보십시오. 오늘 나를 가장 편안하게 했던 음식, 몸을 가볍게 만든 선택 하나를 떠올려 보십시오.

"나는 나를 살리는 음식을 선택합니다."

먹는다는 것은 단순한 섭취가 아니라 하루의 에너지를 설계하는 행동입니다.

③ 활력 충전 — 움직임 회로

정체된 에너지는 몸을 움직일 때 다시 흐르기 시작합니다. 가볍게 걷고, 몸을 풀고, 호흡을 깊게 하는 작은 움직임만으로도 사고는 다시 맑아집니다. 움직임은 체력을 과시하는 행동이 아니라 에너지를 순환시키는 전력선입니다. 몸이 깨어나면 생각도 함께 깨어납니다.

④ 감정 정렬 — 정서 회로

오늘 나를 웃게 했던 순간 하나를 떠올려 보십시오. 혹은 누군가와 나누었던 따뜻한 장면을 기억해 보십시오. 감정은 상황의 결과가 아니라 방향의 선택일 때가 많습니다.

"나는 오늘도 감정을 밝게 조율합니다."

웃음과 긍정은 현실 회피가 아니라 몸의 긴장을 낮추는 회복 기술입니다.

⑤ 에너지 축적 — 감사 회로

하루를 마무리하며 감사한 순간 하나를 떠올려 보십시오.

"오늘 나는 ___에 감사하며 하루를 마무리합니다."

감정은 에너지가 저장되는 장소입니다. 감사는 소모된 하루를 다시 충전하는 가장 단순한 방법입니다.

에너지가 바뀌면 인생의 리듬도 바뀐다

우리는 자주 이렇게 말합니다. "너무 지쳤습니다." 그러나 조금 더 정확한 표현은 이것일지 모릅니다. "에너지를 관리하는 구조가 없습니다." 많은 사람들이 의지가 약해서 멈추는 것이 아닙니다. 회복하고, 채우고, 움직이고, 감정을 정렬하는 리듬 없이 너무 오래 버텨 왔기 때문입니다. BQ는 강한 체력을 약속하지 않습니다. 대신 오래 갈 수 있는 시스템을 만듭니다. 에너지는 소모의 대상이 아니라 관리의 대상이며, 관리될 때 삶은 다시 안정된 흐름을 찾기 시작합니다. 버티는 사람은 언젠가 멈추지만, 리듬을 아는 사람은 끝까지 걸어갑니다. 오늘, 당신의 BQ 엔진에 다시 전류를 흘려보십시오.

"나는 나를 소모하는 사람이 아니라, 오래 가는 사람이다."

이 작은 선언이 반복될수록 당신의 삶은 더 오래, 더 안정적으로, 그리고 더 깊이 사명을 감당할 수 있는 방향으로 움직이게 될 것입니다.

> **지혜의 묵상**
> *"무너진 몸은 사명을 끝까지 지탱하지 못한다.*
> *에너지는 사명의 연료다."*
>
> — 홍영기

7Q 리더십 엔진의 인생 구동

10장

루틴은 의지를 대신하는 구조다
- 결심보다 오래 가는 시스템 만들기

> 인생이 흔들리는 이유는 방향이 없어서가 아닙니다.
> 운전석이 비어 있기 때문입니다.
> 셀프 리더십은 다시 운전석으로 돌아오는 일입니다.

작은 반복이 만든 거대한 차이

20세기 초, 남극 탐험 시대. 두 탐험대가 같은 목표를 향해 출발했습니다. 노르웨이의 로알 아문센(Roald Amundsen)과 영국의 로버트 스콧(Robert Scott)입니다. 두 팀 모두 뛰어난 리더십과 강한 의지를 가지고 있었습니다. 준비도 철저해 보였습니다. 그러나 결과는 극명하게 갈렸습니다.

아문센은 날씨와 기분에 상관없이 매일 일정한 거리만 이동하고, 반드시 같은 시간에 쉬었습니다. 컨디션이 좋아도 무리하지 않았고, 나빠도 루틴을 지켰습니다. 반면 스콧은 상황과 의지에 따라 강도를 조절했습니다. 좋은 날에는 무리했고, 힘든 날에는 계획이 흔들렸습니다. 결국 아문센 팀은 목적지에 도달해 안전하게 돌아왔고, 스콧 팀은 돌아오지 못했습니다. 차이는 의지가 아니었습니다. 매일 반복되는 구조의 유무였습니다.

우리의 삶도 이와 비슷합니다. 사람들은 인생이 흔들릴 때마다 이렇게 말합니다. "다시 마음을 다잡아야겠다." "이번에는 정말 달라질 거야." 그러나 시간이 지나면 다시 같은 자리로 돌아옵니다. 그래서 우리는 스스로를 탓합니다. 의지가 약하다고, 끈기가 부족하다고 말합니다. 하지만 정말 문제는 의지일까요?

사실 의지는 오래 지속되도록 만들어진 에너지가 아닙니다. 의지는 순간적으로 불을 붙이는 점화 장치에 가깝습니다. 처음에는 뜨겁지만, 시간이 지나면 자연스럽게 약해집니다. 그래서 인생을 의지에만 맡긴 사람은 늘 같은 싸움을 반복하게 됩니다. 이제 질문은 바뀌어야 합니다.

나는 얼마나 더 노력해야 하는가가 아니라,
내 삶은 의지가 없어도 돌아가도록 설계되어 있는가?

이 질문을 이해하는 순간, 우리는 삶을 '성격'이나 '결심'이 아니라 '구조'로 보기 시작합니다.

인간은 의지가 아니라 구조로 움직인다

미국 심리학의 개척자 윌리엄 제임스(William James)는 이런 말을 남겼습니다. "습관은 사회를 움직이는 거대한 플라이휠과 같다." 플라이휠은 한 번 돌기 시작하면 관성에 의해 계속 회전하는 장치입니다. 처음에는 큰 힘이 필요하지만 일정 속도에 도달하면 스스로 에너지를 유지합니다. 제임스는 인간의 삶도 이와 비슷하다고 보았습니다. 사람은 매 순간 강한 의지로 살아가는 존재가 아니라, 반복된 습관과 구조 속에서 살아가는 존재라는 것입니다.

이 사실은 현대 심리학 연구에서도 확인됩니다. 미국 MIT 연구진의 습관 연구에 따르면 인간의 많은 행동은 그 순간의 결심이나 의지로 이루어지는 것이 아니라 이미 형성된 습관 구조에 의해 자동적으로 이루어집니다. 어떤 행동을 반복하면 뇌는 그 행동을 하나의 패턴으로 저장합니다. 일정한 신호가 주어지면 행동이 이어지고, 그 뒤에 보상이 따르는 '신호-행동-보상'의 구조가 만들어집니다.

이 구조가 형성되면 행동은 점점 자동화됩니다. 그래서 우리는 특별히 결심하지 않아도 아침에 일어나면 스마트폰을 확인하고, 특정 시간만 되면 커피를 찾게 됩니다. 이러한 행동은 의지의 결과라기보다 이미 만들어진 습관 구조의 결과입니다.

이 사실은 우리 삶에 중요한 통찰을 줍니다. 어떤 사람은 특별한 결심을 하지 않아도 꾸준히 운동을 하고 공부를 지속합니다. 그 이유는 의지가 특별히 강해서가 아니라, 그 행동이 이미 삶의 구조 속에 자리 잡고 있기 때문입니다. 반대로 아무리 강하게 마음을 먹어도 오래 지속되지 않는 이유는 행동을 지탱해 줄 구조가 없기 때문입니다.

우리의 삶도 마찬가지입니다. 충분히 쉬었는데도 다시 지치는 이유는 엔진이 고장 나서가 아니라, 같은 구조로 다시 달리기 때문입니다. 결심은 순간을 바꿀 수 있지만 삶의 방향을 바꾸지는 못합니다. 결국 인간은 의지로 움직이는 존재가 아니라 자신이 만든 구조 속에서 살아가는 존재입니다.

루틴은 규칙이 아니라 '회로'다

많은 사람들이 루틴을 오해합니다. 매일 지켜야 하는 답답한 규칙, 자신을 옥죄는 틀이라고 생각합니다. 하지만 루틴의 본질은 다릅니다. 루틴은 규칙이 아니라 회로입니다. 회로는 에너지가 끊기지 않도록 흐르게 만드는 연결 구조입니다. 전구가 전기가 강해서 켜지는 것이 아니라 회로가 연결되어 있기 때문에 켜지듯, 삶도 반복되는 루틴이 있을 때만 지속적으로 움직입니다.

세계적인 소설가 무라카미 하루키(Murakami Haruki)는 《노르웨이의 숲》, 《해변의 카프카》, 《1Q84》와 같은 작품으로 세계적인 독자를 얻었습니다.

그는 글쓰기의 비결을 묻는 질문에 이렇게 말했습니다.

"쓰기 어렵더라도
매일 같은 시간에 책상 앞에 앉는다."

그는 영감을 기다리지 않았습니다. 대신 구조를 만들었습니다. 그래서 안 되는 날에도 앞으로 갈 수 있었습니다. 루틴은 잘될 때를 위한 장치가 아닙니다. 잘되지 않을 때도 삶을 앞으로 밀어 주는 안전장치입니다. 의지는 시작을 만들지만, 루틴은 끝까지 가게 합니다.

7Q 엔진은 루틴 위에서만 살아 움직인다

7Q는 개념이 아닙니다. 작동 구조입니다.

· **SQ는 인생의 의미와 방향을 묻는 질문 루틴이 필요하고**
· **PQ는 감정을 회복하는 해석 루틴이 필요하며**
· **IQ는 생각을 정리하는 사고 루틴이 필요합니다.**

나머지 엔진들도 다르지 않습니다. 신뢰, 관계, 전문성, 에너지 역시 반복되는 구조가 있을 때만 안정적으로 작동합니다. 어떤 엔진이든 루틴 없이 오래 살아 있을 수 없습니다. 처음에는 열정으로 움직일 수 있지만 결국 멈추게 됩니다. 많은 리더들이 지치는 이유도 여기 있습니다. 능력이 부족해서가 아닙니다. 한 엔진이 멈춘 채 오랫동안 방치되었기 때문입니다. 리더십은 재능이 아니라 구동되는 구조입니다. 반복되는 루틴이 있을 때만 오래 갑니다.

이제 필요한 것은 더 강한 의지가 아니다

우리는 오랫동안 이렇게 살아왔습니다. 더 노력하고, 더 버티고, 더 밀어붙이며 말입니다. 하지만 오래 가는 사람들은 다른 방식으로 살아갑니다. 그들은 의지를 믿지 않습니다. 대신 구조를 만듭니다. 번아웃은 실패가 아니라 시스템의 멈춤입니다. 그렇다면 해결은 단순합니다. 의지를 더하거나 더 버티는 것이 아니라 삶의 시스템을 다시 연결하는 것입니다.

여기에서 루틴이 중요합니다. 루틴은 삶을 어렵게 만드는 것이 아닙니다. 오히려 삶을 가볍게 만듭니다. 매번 새롭게 결심하지 않아도 되기 때문입니다. 의지는 불꽃처럼 타오르지만, 구조는 난로처럼 오래 따뜻합니다.

그러니 지금 당신에게 필요한 것은 새로운 다짐이 아닙니다. 삶이 스스로 돌아가게 만드는 구조, 의지가 없어도 나를 앞으로 데려가는 루틴. 그리고 바로 그 지점에서 7Q 리더십 엔진은 실제로 작동하기 시작합니다.

다음 장에서는 이 루틴을 하루-90일-연간 리듬으로 확장해 설계하는 법을 살펴보겠습니다. 아마 그때 당신은 이렇게 느낄지도 모릅니다. 나는 잘못 살아온 것이 아니라, 단지 구조 없이 오래 버텨 왔던 것뿐이었다고. 삶은 더 세게 밀어붙일 때가 아니라, 올바른 구조 안에서 저절로 움직이기 시작할 때 바뀝니다. 이제, 정말로 다시 움직이기 시작할 차례입니다.

> **지혜의 묵상**
> *"번아웃은 실패나 약함이 아니라,*
> *시스템의 연결이 끊겼다는 신호이다."*
>
> — 홍영기

11장

7Q 성장 루틴 설계하기
- 하루 30분 × 90일, 삶을 다시 가동하는 법

> 삶은 거대한 결심으로 바뀌지 않습니다.
> 작은 반복이 쌓일 때 방향이 바뀝니다.
> 7Q 루틴은 인생을 다시 움직이게 하는 실행의 구조입니다.

작은 질문이 만든 위대한 하루

미국의 사상가이자 정치가인 벤저민 프랭클린(Benjamin Franklin)은 특별한 하루 계획표를 가지고 있었습니다. 그는 매일 아침 같은 질문으로 하루를 시작했습니다. "오늘 나는 어떤 선한 일을 할 것인가?" 그리고 밤이 되면 스스로에게 다시 물었습니다. "오늘 나는 무엇을 잘했는가?"

그의 하루는 거창한 목표로 채워져 있지 않았습니다. 대신 반복되는 질문과 작은 루틴이 있었습니다. 그는 천재였기 때문에 성장한 것이 아니라, 작은 반복을 멈추지 않기 때문에 삶 전체가 하나의 시스템이 되었습니다.

좋은 삶은 우연히 만들어지지 않습니다. 반복되는 구조 속에서 만들어집니다. 많은 사람들은 변화가 필요하다는 것을 이미 알고 있습니다. 문제는 방법이 아니라 지속입니다. 마음은 변하고 싶어 하지만 현실은 늘 바쁘고 에너지는 부족합니다. 그래서 우리는 이렇게 말합니다.

"시간이 없어."

"요즘은 너무 정신이 없어."
"조금만 여유가 생기면 시작해야지."

그러나 이상한 사실이 있습니다. 바쁜 사람일수록 더 많은 일을 해내고, 오래 흔들리지 않는 사람일수록 일정은 오히려 단순합니다. 차이는 의지가 아니라 구조입니다.

왜 우리는 루틴을 시작해도 오래가지 못하는가

대부분의 사람들은 변화를 '큰 결심'으로 시작합니다. 문제는 삶이 결심을 오래 기억하지 않는다는 것입니다. 하루가 바빠지고 예상치 못한 일이 생기면 가장 먼저 사라지는 것이 바로 자기 관리입니다. 많은 사람들이 실패를 의지 부족 때문이라고 생각합니다.

그러나 사실은 다릅니다. 인간은 의지로 오래 버티는 존재가 아니라, 반복되는 구조 속에서 안정적으로 움직이도록 만들어졌기 때문입니다. 인간의 뇌는 반복되지 않는 것을 자동으로 버리도록 설계되어 있습니다. 루틴이 없으면 변화는 매일 새롭게 결심해야 하는 일이 되고, 결국 피로로 끝나게 됩니다. 그래서 중요한 것은 강한 마음이 아니라 반복 가능한 구조입니다. 『아토믹 해빗(Atomic Habits)』의 저자 제임스 클리어(James Clear)도 그래서 이렇게 말합니다.

"사람은 목표만큼 성장하는 것이 아니라,
자신이 가진 시스템만큼 성장한다."

작은 반복이 인생의 방향을 바꾼다

많은 사람들이 변화에 실패하는 이유는 의지가 약해서가 아닙니다. 시작부터 너무 크게 계획하기 때문입니다. 완벽한 시간표, 거대한 목표, 하루를 통째로 바꾸는 결심은 잠시 사람을 흥분시키지만 오래 가지 못합니다. 현실의 삶은 그렇게 비어 있지 않기 때문입니다. 그래서 오래 가는 변화는 언제나 작은 반복에서 시작됩니다. 삶을 한 번에 뒤집으려 하지 않고, 지금 가능한 만큼만 움직이는 사람들이 있습니다. 그 작은 반복이 시간이 지나면서 전혀 다른 방향을 만들어 냅니다.

하루 30분은 너무 짧아 보입니다. 그래서 많은 사람들이 이 시간을 과소평가합니다. 그러나 시간의 힘은 크기가 아니라 지속성에서 나옵니다. 하루 30분은 일주일이면 3시간 30분, 한 달이면 15시간, 1년이면 180시간이 됩니다. 이 정도의 축적은 어느 영역에서든 사람의 방향을 바꾸기에 충분합니다.

실제로 오래 가는 작가들, 운동선수들, 그리고 리더들의 공통점은 긴 시간이 아니라 짧은 반복입니다. 누군가는 하루 세 시간을 몰아서 하려다 멈추고, 누군가는 하루 20~30분을 꾸준히 이어 가며 결국 다른 삶의 지점에 도착합니다. 엔진은 한 번의 거대한 폭발로 움직이지 않습니다. 작은 점화가 끊기지 않을 때 지속적으로 작동합니다. 인생도 마찬가지입니다. 중요한 것은 강한 시작이 아니라 멈추지 않는 연결입니다.

7Q 성장 루틴은 모든 것을 완벽하게 하라고 요구하지 않습니다. 핵심은 단 하나입니다.

**"삶을 한 번에 바꾸지 말고,
매일 조금씩 다시 작동하게 하라."**

어떤 날은 의미를 점검하고, 어떤 날은 감정을 회복하며, 또 어떤 날은 생각을 정리하는 것만으로도 충분합니다. 중요한 것은 완벽함이 아니라 연결입니다. 지금 한 가지 질문을 스스로에게 던져 보십시오.

당신의 하루에는
당신 자신을 다시 점검하는 시간이
단 10분이라도 존재합니까?

만약 없다면, 당신은 의지가 약한 것이 아닙니다. 단지 구조 없이 오래 버텨 왔을 뿐입니다. 그리고 바로 지금부터, 우리는 그 구조를 만들기 시작합니다.

하루 30분, 7Q 성장 루틴 설계

많은 분들이 이렇게 생각합니다. "30분으로 정말 달라질 수 있을까요?" 하지만 삶은 한 번의 큰 변화로 바뀌지 않습니다. 작은 점화가 매일 반복될 때, 엔진은 조용히 움직이기 시작합니다. 중요한 것은 오래 하는 것이 아니라, 끊기지 않는 것입니다. 완벽하게 하려고 하지 마십시오. 흐르기만 하면 충분합니다. 7Q 루틴은 더 열심히 살게 만드는 계획표가 아닙니다. 삶이 자동으로 방향을 회복하도록 만드는 구조입니다.

하루 30분, 7Q 성장 루틴 설계표 (예시)

Q	엔진	핵심 질문	하루 루틴	시간
SQ	의미 엔진	오늘 나는 왜 사는가	목적 1문장 · 말씀/문장 묵상	5분
PQ	긍정 엔진	나는 다시 일어날 수 있는가	감사 3가지 · 긍정 선언	5분
IQ	사고 엔진	나는 어떻게 생각하고 있는가	독서 1-2쪽 · 질문 1개	5분

Q	엔진	핵심 질문	하루 루틴	시간
CQ	인격 엔진	나는 어떤 사람으로 반응했는가	성찰 질문 1개	5분
NQ	관계 엔진	오늘 누구와 연결할 것인가	격려/감사 메시지	5분
EQ	역량 엔진	무엇을 성장시킬 것인가	강점 훈련 메모	5분
BQ	에너지 엔진	나는 끝까지 갈 힘이 있는가	스트레칭/호흡/걷기	5분

* 각 루틴은 약 4–5분 정도로 진행되며 전체 시간은 30분 내외입니다.

① SQ — 의미 엔진 (5분)

"오늘, 나는 왜 이 하루를 살아가고 있는가?"

모든 엔진의 출발점은 의미입니다. 방향이 분명하지 않으면 다른 모든 노력은 오래가지 못합니다.

- 오늘의 방향 한 문장 쓰기
- 말씀 또는 문장 하나 묵상하기
- 질문하기: "오늘 나는 어떤 사람이 되고 싶은가?"

이 짧은 시간이 삶의 핸들을 다시 잡게 합니다.

② PQ — 긍정 엔진 (5분)

"나는 오늘도 다시 일어날 수 있는 사람인가?"

긍정은 기분이 아니라 회복의 기술입니다.

- *감사 3가지 기록하기*
- *오늘 잘한 일 한 가지 적기*
- *짧은 긍정 선언*

감사는 현실을 바꾸지 않지만, 현실을 바라보는 방향을 바꿉니다.

③ IQ — 사고 엔진 (5분)

"나는 오늘 어떻게 생각하고 있는가?"

사고는 자동으로 깊어지지 않습니다. 질문할 때 깊어집니다.

- *짧은 독서 (1–2쪽)*
- *핵심 문장 한 줄 표시*
- *질문 하나 만들기*

사람은 읽은 만큼이 아니라, 생각한 만큼 성장합니다.

④ CQ — 인격 엔진 (5분)

"나는 오늘 어떤 사람으로 반응했는가?"

인격은 감정이 아니라 반복된 선택입니다.

- *오늘 나의 반응 돌아보기*
- *정직, 책임, 절제 중 한 가지 점검*
- *인격 목표 한 문장 확인*

이 시간은 보이지 않는 신뢰를 쌓는 시간입니다.

⑤ NQ — 관계 엔진 (5분)

"오늘 나는 누구와 연결될 것인가?"

관계는 자연스럽게 좋아지지 않습니다. 의도적으로 돌볼 때 살아납니다.

- *감사나 격려 메시지 보내기*
- *한 사람에게 진심으로 칭찬하기*
- *짧은 안부 전하기*

작은 연결이 관계의 전류를 다시 흐르게 합니다.

⑥ EQ — 역량 엔진 (5분)

"오늘 나는 무엇을 성장시키고 있는가?"

바쁨은 성장과 다릅니다. 성장은 의도적인 선택에서 시작됩니다.

- *강점 하나 점검*

- *전문성 배움 한 줄 기록*
- *질문하기: "더 잘할 수 있는 지점은 무엇인가?"*

미래의 실력은 오늘의 작은 훈련에서 시작됩니다.

⑦ BQ — 에너지 엔진 (5분)

"나는 끝까지 갈 힘을 관리하고 있는가?"

몸은 모든 엔진의 기반입니다.

- *가벼운 스트레칭 또는 짧은 걷기*
- *깊은 호흡으로 몸 이완하기*
- *음식·수면·감정 상태 점검*

몸이 멈추면 삶도 멈춥니다.

7Q 루틴은 완성이 아니라 순환이다

이 루틴은 완벽함을 요구하지 않습니다. 하루에 모두 해내지 못해도 괜찮습니다. 중요한 것은 단 하나입니다.

오늘 조금.
내일 또 조금.
그러나 멈추지 않는 것.

작은 루틴은 하루를 바꾸는 것처럼 보이지 않습니다. 그러나 반복된 루틴은 결국 사람 자체를 바꿉니다. 오늘부터 완벽하게 하려 하지 마십시오. 지금, 또는 내일 아침에 할 5분 루틴 하나만 정해 보십시오. 보이지 않는 곳에서 삶의 방향을 조금씩 수정하고, 어느 날 돌아보면 전혀 다른 자리에 서 있게 만듭니다. 변화는 거대한 결심으로 시작되지 않습니다. 조용히 반복된 구조가 어느 순간 인생의 흐름을 바꿉니다.

그리고 아마 어느 날, 이렇게 깨닫게 될지도 모릅니다.

나는 잘못 살아온 것이 아니라,
단지 구조 없이 오래 버텨 왔던 것뿐이었다.

이제 우리는 다음 질문 앞에 서게 됩니다.

만약 이 구조가 90일 동안 쌓인다면,
당신의 인생은 얼마나 달라질 수 있을까요?

> **지혜의 묵상**
> *"루틴은 의지가 꺼진 날에도*
> *삶을 앞으로 밀어주는 엔진이다."*
>
> — 홍영기

90일 후, 당신은 다시 작동하는 사람이 된다
- 구조가 바뀌면 인생의 방향이 바뀐다

> 사람은 어느 날 갑자기 달라지지 않습니다.
> 작은 구조가 쌓일 때 삶은 조용히 방향을 바꿉니다.
> 90일은 인생이 다시 작동하기 시작하는 시간입니다.

시동을 누르지 못한 아침

그는 회사 지하 주차장에서 한동안 시동을 걸지 못한 채 앉아 있었습니다. 정장은 단정했고, 넥타이는 느슨했지만 눈빛에는 힘이 없었습니다. 늘 성실했고 책임감 있는 사람이었습니다. 사람들이 말하는 '안정적인 인생'을 살아온 사람이기도 했습니다.

그런데 그날 아침, 그는 시동 버튼 위에 올려놓은 손을 끝내 누르지 못했습니다. 차에 문제가 있었던 것은 아니었습니다. 연료도 충분했고 엔진도 멀쩡했습니다. 다만 이런 생각이 스쳐 지나갔습니다. "오늘도 어제와 똑같이 살아야 한다." 그 순간, 몸이 움직이지 않았습니다. 앞으로 나아갈 이유가 느껴지지 않았기 때문입니다.

훗날 그는 이렇게 말했습니다. "그때 처음 알았습니다. 내 인생이 고장 난 게 아니라, 아주 오래 멈춰 있었다는 걸요." 그는 실패한 사람이 아니었습니다. 단지 너무 오래 자기 삶의 운전석에서 내려와 있었을 뿐이었습니다. 그가 바꾼 것은 환경도, 직업도 아니었습니다. 바뀐 것은 하루의 구조, 아주 작은 7Q

루틴이었습니다.

처음 30일은 아무 변화가 없는 것 같았고, 60일쯤에는 오히려 더 피곤해졌습니다. 그러나 90일이 되는 날, 그는 다시 같은 자리에서 조용히 시동을 걸었습니다. 그리고 이렇게 말했습니다. "나는 다른 사람이 된 게 아닙니다. 다시 작동하는 사람이 되었을 뿐입니다."

왜 하필 90일인가?

영국 런던대학교(UCL)의 행동심리학자 필리파 랠리(Phillippa Lally) 박사 연구팀은 새로운 습관 형성 과정을 12주 동안 추적했습니다. 참가자들에게 매일 동일한 행동을 반복하게 한 뒤, 그 행동이 '자연스럽게 느껴지는 시점'을 측정했습니다. 결과는 분명했습니다. 평균 66일, 개인차는 18일에서 254일까지 나타났습니다. 연구진은 이렇게 결론 내렸습니다.

"변화는 결심이 아니라, 반복되는 구조의 결과다."

중요한 것은 의지가 아니라 반복이었습니다. 그래서 90일은 단순한 숫자가 아닙니다. 사람이 '노력하고 있는 상태'에서 '자연스럽게 작동하는 상태'로 넘어가는 현실적인 시간입니다.

뇌과학도 같은 방향을 가리킵니다. 미국 MIT(매사추세츠공과대학교)의 뇌과학 연구에 따르면 습관이 형성될 때 뇌의 기저핵(basal ganglia)이 활성화됩니다. 이곳은 행동이 자동화되는 영역이며, 반복된 행동을 에너지 소모 없이 실행하도록 돕습니다. 우리는 이를 신경가소성(neuroplasticity)이라고 부릅니다. 즉, 90일이라는 시간은 뇌가 이렇게 말하기 시작하는 순간입니다. "이 방식이 너의 삶이다." "이 리듬이 너다." 반복은 단순한 노력의 문제가 아니라 뇌의 구조를 바꾸는 과정입니다. 그래서 7Q 루틴은 의지를 이기기 위한 훈련이 아닙니다. 의지가 필요 없을 만큼 삶의 구조를 다시 설계하는 과정입니다.

변화는 직선이 아니라 곡선이다

많은 사람들은 변화를 직선으로 상상합니다. 노력하면 조금씩, 꾸준히, 눈에 보이게 나아질 것이라고 기대합니다. 그러나 실제 변화는 그렇게 움직이지 않습니다. 오히려 처음에는 더 흔들리고, 더 불편해지고, 때로는 이전보다 더 무기력해진 것처럼 느껴지기도 합니다.

제가 코칭했던 한 젊은 리더가 있었습니다. 그는 누구보다 성실했고, 무너지지 않으려 애쓰던 사람이었습니다. 7Q 루틴을 시작한 지 한 달쯤 되었을 때, 조용히 이렇게 말했습니다. "홍박사님... 이상합니다. 전보다 더 지치고, 마음이 무거워진 느낌이에요."

그는 자신의 변화가 실패라고 생각하고 있었습니다. 이전보다 약해진 것 같았기 때문입니다. 그러나 저는 그의 말 속에서 오히려 중요한 신호를 보았습니다. 그것은 퇴보가 아니라, 그동안 바쁘게 달리느라 보지 못했던 내면이 처음으로 조용히 모습을 드러내기 시작한 순간이었기 때문입니다.

우리는 종종 멈추면 무너지는 것이라고 생각합니다. 그러나 사실은 반대입니다. 멈추어 보아야 비로소 무엇이 무너져 있었는지를 보게 됩니다. 그리고 그 순간부터, 진짜 변화는 시작됩니다. 변화에는 언제나 다음과 같은 일정한 흐름이 있습니다.

기간	심리 상태	내면의 해석
1–30일	어색함과 저항	"이게 맞나?"
31–60일	혼란과 의심	"나는 원래 이런 사람인가?"

기간	심리 상태	내면의 해석
61-90일	정렬과 회복	"이제 나를 알겠다."

많은 사람들이 31-60일 구간에서 멈춥니다. 왜냐하면 이 시기에 처음으로 진짜 자신을 만나기 때문입니다. 감춰 두었던 피로, 억눌렀던 감정, 오래된 사고 패턴이 떠오릅니다. 그래서 사람들은 오해합니다. "나는 더 나아지지 않는구나." "나는 원래 변할 수 없는 사람이었나." 그러나 사실은 다릅니다. 그 흔들림은 실패의 신호가 아니라, 삶이 새로운 기준으로 다시 정렬되는 과정입니다.

마치 오래 사용한 나침반이 처음 방향을 맞출 때 잠시 떨리는 것처럼, 인생도 새로운 구조를 받아들이기 전에 잠시 흔들립니다. 그리고 어느 날, 아주 조용히 깨닫게 됩니다.

**예전처럼 쉽게 무너지지 않는 자신.
설명할 수는 없지만 이전과는 다른 반응.
더 강해진 것이 아니라, 더 정렬된 자신.**

그 순간 사람은 이렇게 말하게 됩니다. "나는 변한 것이 아니라, 원래의 나를 다시 찾고 있었구나."

7Q 90일 성장 로드맵

변화는 어느 날 갑자기 일어나지 않습니다. 보이지 않는 곳에서 조금씩 쌓인 반복이 어느 순간 방향을 바꾸는 것입니다. 많은 사람들이 처음에는 열정으로 시작하지만, 중간에 흔들리고, 결국 멈추는 이유는 변화가 어떤 과정을 거쳐 일어나는지 모르기 때문입니다. 그래서 7Q 루틴은 90일이라는 시간 안에서 삶이 어떻게 다시 정렬되는지를 세 단계로 이해하도록 돕습니다. 이 과정은 빠르게 달리기 위한 지도가 아닙니다. 조용히, 그러나 확실하게 다시 작동하기 위한 성장의 흐름입니다.

① 1–30일: 연결의 시기

이 시기의 목표는 변화가 아닙니다. 성과도 아닙니다. 단 하나, 루틴과 '나'를 다시 연결하는 것입니다. 처음에는 낯설고 어색합니다. 어쩌면 "이게 정말 의미가 있나?"라는 생각이 들 수도 있습니다. 하지만 이 시기에 중요한 것은 완벽함이 아니라 반복입니다. 작은 질문 하나를 던지는 것. 하루를 돌아보는 짧은 멈춤. 그 작은 행동이 끊어진 삶의 회로를 다시 연결하기 시작합니다.

② 31–60일: 안정의 시기

많은 사람들이 여기에서 흔들립니다. 감정이 요동치고, 잊고 있었던 오래된 습관들이 올라옵니다. "나는 원래 이런 사람인가?"라는 의심도 찾아옵니다. 그러나 기억하십시오. 이 시기는 실패가 아닙니다. 재정렬의 과정입니다. 오랫동안 익숙했던 방식과 새로운 구조가 충돌하기 때문에 생기는 자연스러운 흔들림입니다. 삶의 기준점이 조용히 이동하고 있는 신호입니다.

③ 61–90일: 전환의 시기

어느 날 문득, 변화는 소리 없이 찾아옵니다. 같은 상황인데 반응이 달라지고, 같은 문제 앞에서도 생각의 방향이 달라집니다. 삶은 갑자기 달라지지 않습니다. 그러나 분명히, 다른 방향으로 움직이고 있음을 느끼게 됩니다. 그리고 바로 이때, 사람은 깨닫습니다.

나는 억지로 변한 것이 아니라 조금씩 다시 정렬되고 있었구나.

앞에서 언급했던 그 청년 리더는 90일이 지난 어느 날, 제게 조용히 이렇게 말했습니다. "홍박사님, 제 상황은 크게 달라진 게 없습니다. 그런데 이상하게 예전처럼 쉽게 무너지지 않아요." 그는 더 강해진 사람이 된 것이 아니었습니다. 다만 삶이 다시 정렬되며, 자신을 붙드는 구조가 생긴 사람이 되어 있었습니다. 변화는 크게 들리지 않았지만, 분명히 그의 삶 안에서 시작되고 있었습니다. 그래서 우리는 이제 변화의 본질을 다시 이해해야 합니다.

정체성은 목표가 아니라 구조의 결과다

사람들은 인생을 바꾸려 할 때 목표부터 바꾸려 합니다. 더 큰 꿈, 더 강한 결심, 더 높은 기준. 그러나 왜 다시 제자리로 돌아올까요? 이유는 단순합니다. 구조가 그대로이기 때문입니다. 변화의 공식은 생각보다 단순합니다.

행동 → 반복 → 구조 → 정체성 → 인생 방향

우리는 말합니다. "나는 원래 이런 사람이야." 하지만 정확히 말하면 이렇게 표현하는 편이 맞습니다. "나는 이런 구조 속에서 오래 살아온 사람이다." 구조가 바뀌면 정체성도 조용히 바뀝니다. 그리고 정체성이 바뀌면 인생의 방향은 자연스럽게 달라집니다.

루틴은 성공이 아니라 복귀 능력이다

루틴은 반드시 흔들립니다. 완벽하게 지켜지는 루틴은 존재하지 않습니다. 중요한 것은 무너짐이 아니라 다시 연결되는 힘입니다.

- 하루를 놓쳤다면 → 5분으로 다시 시작하십시오.
- 일주일을 놓쳤다면 → 가장 쉬운 한 가지부터 시작하십시오.
- 한 달을 놓쳤다면 → 처음 단계로 돌아가십시오.

작게, 다시. 그 순간 7Q 엔진은 다시 살아납니다. 오래 가는 사람은 완벽한 사람이 아니라 복귀하는 사람입니다.

90일로 인생을 설계하라

1년은 너무 길고, 한 달은 너무 짧습니다. 90일은 점검하고, 수정하고, 다시 가속하기에 가장 현실적인 시간 단위입니다. 사람은 막연한 결심으로 변하지 않습니다. 그러나 분명한 기간 안에서 반복할 때, 삶은 방향을 바꾸기 시작합니다.

- 첫 번째 리듬: 방향을 점검하는 시간
- 두 번째 리듬: 성장의 흐름을 확인하는 시간
- 세 번째 리듬: 관계와 사명을 다시 정렬하는 시간
- 네 번째 리듬: 삶 전체를 통합하는 시간

이렇게 90일의 리듬이 쌓이면 삶은 더 이상 흘러가는 것이 아니라, 의식적으로 운영되는 삶이 됩니다. 인생은 우연이 아니라 설계가 됩니다.

이제, 7Q 구조가 당신을 이끈다

당신의 삶은 고장 난 것이 아닙니다. 당신은 실패한 사람도 아닙니다. 단지 구조 없이 너무 오래 버텨 왔을 뿐입니다. 이제, 삶 안에 다시 엔진이 연결됩니다.

의미가 방향을 잡아 주고,
긍정이 다시 일어나게 하며,
사고가 선택을 바꾸고,
인격이 신뢰를 만들고,
관계가 삶을 따뜻하게 하고,
역량이 미래를 준비하게 하며,
에너지가 끝까지 가게 하는 삶.

그 일곱 개의 엔진은 오늘부터 서서히, 그러나 확실하게 다시 돌아가기 시작합니다. 처음에는 작은 변화처럼 보일 것입니다. 그러나 어느 날 문득, 당신은 깨닫게 될지도 모릅니다. 아침이 조금 가벼워졌다는 것, 사람을 대하는 마음이 조금 달라졌다는 것, 실패 앞에서도 예전처럼 쉽게 멈추지 않는 자신을 발견하게 되었다는 것을. 그리고 결국 이렇게 말하게 될 것입니다.

나는 더 강해진 사람이 되었다.
그리고 무엇보다, 다시 살아 움직이는 사람이 되었다.

물론 어떤 날은 다시 지칠 수도 있습니다. 방향이 흐려지고 감정이 무너지는 날도 있을 것입니다. 그러나 이제 당신은 압니다. 멈춤은 실패가 아니라 점검의 신호이며, 혼란은 방향을 잃었다는 증거가 아니라 새로운 정렬이 필요하다는 메시지라는 것을. 그리고 무엇보다, 당신 안에는 언제든 다시 켤 수 있는 엔진이 있다는 것을.

나는 속도가 아니라 방향을 선택합니다.
나는 완벽함보다 지속 가능함을 선택합니다.
나는 넘어져도 다시 일어날 수 있는 사람입니다.
나는 오늘도 작은 루틴으로 내일을 준비합니다.
나는 내 삶의 리듬을 다시 세우는 사람입니다.

다시, 원래의 방향으로 시동을 건다

당신의 인생은 새로 시작되는 것이 아닙니다.
이제 원래 움직이도록 설계된 방향으로
조용히 다시 돌아가고 있을 뿐입니다.

이 책을 덮는 순간, 당신은 거대한 결심 대신
아주 작은 표시 하나를 남기게 될지도 모릅니다.

지금 이 책을 덮기 전에, 가장 약한 엔진 하나에 조용히 표시해 보십시오.
그 작은 표시가 다시 시작된 삶의 첫 신호가 됩니다.

이 책의 내용을 실제 삶 속에서 적용해 보고 싶다면 『7Q 리더십 엔진 90일 리듬』 워크북과 『7Q 루틴 다이어리』를 함께 사용해 보십시오.
『7Q 리더십 엔진 90일 리듬』 워크북은 7Q의 일곱 엔진을 90일 동안 실제 삶 속에서 훈련하도록 설계된 실행 프로그램입니다. 질문과 루틴, 점검 과정을 따라가며 삶의 구조를 조금씩 다시 정렬하도록 돕습니다.
『7Q 루틴 다이어리』는 그 훈련을 매일 기록하고 반복하는 리듬 도구입니다. 작은 루틴을 체크하고 한 주의 방향을 돌아보며 변화를 삶 속에 축적하도록 돕습니다. 책이 방향을 보여 주는 지도라면 워크북은 그 길을 훈련하는 과정이고 다이어리는 그 여정을 지속시키는 리듬입니다.

삶은 한 번에 바뀌지 않습니다.
그러나 방향은 한순간에 바뀔 수 있습니다.

어제와 같은 자리처럼 보여도,
이미 다른 질문이 시작되었다면
당신은 이전의 사람이 아닙니다.

그리고 어느 순간, 당신은 알게 될 것입니다.

조용히, 그러나 분명하게 —

당신 안의 엔진이 다시 켜질 때,

멈춰 있던 삶도
다시 앞으로 움직이기 시작한다는 것을.

오늘, 당신은
어떤 엔진을 다시 켜겠습니까?

> **지혜의 묵상**
> *"인생은 세계 밀어붙인다고 움직이는 것이 아니다.*
> *다시 시동이 걸릴 때 앞으로 나아가는 것이다."*
> — 홍영기

Epilogue

다시,
일곱 번의 시동

에필로그 다시, 일곱 번의 시동

나는 왜 사는지 잊었을 때
가장 먼저 멈추었다
그래서 하루의 맨 앞에
다시 의미를 놓았다

무너졌을 때 다시 일어나는 법을 몰라
오래 바닥에 머물렀고
그래서 넘어짐 곁에
조용히 긍정을 두었다

생각이 흐려질수록
선택은 남의 것이 되었고
나는 삶의 운전대를 놓쳤다
그래서 읽고, 묻고, 다시 생각했다

말은 거칠어지고
마음은 쉽게 흔들려
사람들이 멀어졌다
그래서 오늘의 나를 돌아보고
내일의 나를 정했다

에필로그

혼자서도 괜찮다 말했지만
사실은 아무도 없었다
그래서 이름 하나를 부르고
안부 하나를 건넸다

열심히는 했지만
내 손에 남은 힘은 작았고
그래서 강점 하나를 붙잡아
작게라도 반복했다

끝내 몸이 먼저 무너졌을 때
마음도 함께 꺼졌다
그래서 숨을 고르고
몸을 깨우고
다시 걸었다

이렇게 일곱 번
나는 다시
내 삶에 시동을 걸었다

오늘도 완벽하지는 않다
그러나 의미 · 긍정 · 사고 · 인격 · 관계 · 역량 · 에너지
일곱 개의 엔진은
조용히 돌아가고 있다

그리고 이제 나는 안다

**인생은 버티는 것이 아니라
다시 시동이 걸릴 때
비로소 앞으로 움직인다는 것을**

그래서 오늘도
나는 멈추지 않는다

나는
다시 살아간다
오늘도, 일곱 번의 시동으로

Appendices

7Q 엔진
실천 가이드
(Appendices)

QUICK CHECK: 7Q 인생 엔진 자가진단(21문항) – 내 인생 엔진은 어디서 멈추는가

이 체크리스트는 엔진 상태를 빠르게 확인하는 경고등 점검입니다. 각 문항을 1–5점으로 표시해 현재 상태를 확인해 보십시오.

응답 방법(1~5점)

1 전혀 아니다 / 2 가끔 그렇다 / 3 보통이다 / 4 자주 그렇다 / 5 항상 그렇다

- 각 Q마다 3문항 = 21문항
- 각 Q 점수 범위: 3점~15점

SQ(의미 엔진) – 공허/방향 상실 신호

요즘 "내가 왜 이 일을 하는지"가 선명하지 않습니다.

성취가 있어도 마음이 공허한 때가 잦습니다.

아침에 하루를 시작할 이유가 잘 느껴지지 않습니다.

PQ(긍정 엔진) – 우울/냉소 신호

작은 일에도 쉽게 냉소하거나 부정적으로 해석합니다.

회복보다 포기 쪽으로 마음이 더 빨리 기울 때가 있습니다.

감사나 기대가 줄고, 불평·걱정이 늘었습니다.

IQ(사고 엔진) – 결정 장애 신호

결정을 미루거나, 결정 후 후회가 잦습니다.

감정/상황에 끌려 선택하고 있다는 느낌이 있습니다.

사고가 정리되지 않아 머리가 자주 "멈춘" 느낌입니다.

CQ(인격 엔진) – 신뢰 붕괴 신호

말/태도 때문에 관계가 어색해지는 경우가 있습니다.

감정이 올라오면 내가 나를 통제하기 어렵습니다.

"나답지 않았다"는 후회가 자주 남습니다.

NQ(관계 엔진) – 고립 신호

사람을 피하고 혼자 있고 싶은 마음이 잦습니다.

대화가 귀찮거나 피곤하게 느껴질 때가 많습니다.

관계가 점점 얕아지고 있다는 느낌이 있습니다.

EQ(역량 엔진) – 무기력 신호

성장보다 "버티기"가 일상이 되었습니다.

내가 잘하는 것(강점)을 제대로 쓰지 못하고 있습니다.

도전·학습이 줄고, 실행력이 떨어졌습니다.

BQ(에너지 엔진) – 만성 피로 신호

충분히 쉬어도 피로가 잘 회복되지 않습니다.

집중력/의욕이 체력과 함께 무너질 때가 있습니다.

몸의 리듬(수면·식사·움직임)이 쉽게 깨집니다.

각 Q별 채점 및 해석(간단 버전)

- 3~6점(양호): 엔진이 대체로 작동 중입니다.

- 7~10점(주의): 엔진 출력이 낮아진 상태입니다(회로 점검 필요).

- 11~15점(경고): 엔진이 "멈춤 직전/멈춤 상태"일 수 있습니다 → 부록 3
  에서 회로를 찾으시면 됩니다.

**핵심: 점수로 자책하지 마시고, 가장 높은 점수(Q 1~2개)가
"우선 점검 엔진"입니다.**

SYSTEM MAP: 7Q OS 마스터 테이블 (28회로 포함)
– 한눈에 보는 인생 운영체제 설계도

이 부록은 이 책 전체를 한 장으로 요약한 7Q 인생 운영체제(OS, Operating System) 설계도입니다. 이 표와 지도는 "나를 평가하는 도구"가 아니라, 삶이 어떻게 작동하는지를 보여주는 구조 지도입니다. 지금 내 삶에서 어떤 엔진이 잘 돌아가고 있고, 어떤 엔진이 약해졌는지를 한눈에 이해하도록 돕습니다.

1. 7Q 엔진 개요(요약)

Q	엔진	핵심 기능	점검 질문(핵심)
SQ	의미 엔진	방향성	"나는 왜 살고, 왜 이 일을 합니까?"
PQ	긍정 엔진	회복력	"나는 흔들려도 다시 일어납니까?"
IQ	사고 엔진	판단력	"나는 스스로 사고하고 선택합니까?"
CQ	인격 엔진	신뢰성	"나는 어떤 사람으로 반응합니까?"
NQ	관계 엔진	사회성	"나는 누구와 연결되어 있습니까?"
EQ	역량 엔진	전문성	"나는 무엇을 성장시키고 있습니까?"
BQ	에너지 엔진	지속성	"나는 끝까지 갈 힘이 있습니까?"

2. 7Q OS 마스터 테이블(28회로 포함)

회로(Circuit)는 엔진이 멈추지 않도록 에너지를 흐르게 만드는 반복 구조입니다. 각 엔진은 4개의 핵심 회로를 가지며, 총 28회로로 구성됩니다.

Q	엔진	자동차 비유	핵심 기능	4대 회로
SQ	의미 엔진	네비게이션	방향성	정체성 · 사명 · 가치 · 비전
PQ	긍정 엔진	점화 장치	회복력	자기 긍정 · 타인 긍정 · 역할 긍정 · 미래 긍정
IQ	사고 엔진	제어 시스템	판단력	학습 · 질문 · 통합 · 지혜
CQ	인격 엔진	안전 장치	신뢰성	성찰 · 목표 · 멘토링 · 습관
NQ	관계 엔진	연결 시스템	사회성	인사 · 소통 · 존중 · 섬김
EQ	역량 엔진	실행 장치	전문성	방향 · 강점 · 피드백 · 숙련
BQ	에너지 엔진	연료 시스템	지속성	회복 · 연료 · 활력 · 정서

3. 7Q 리더십 엔진 통합 지도

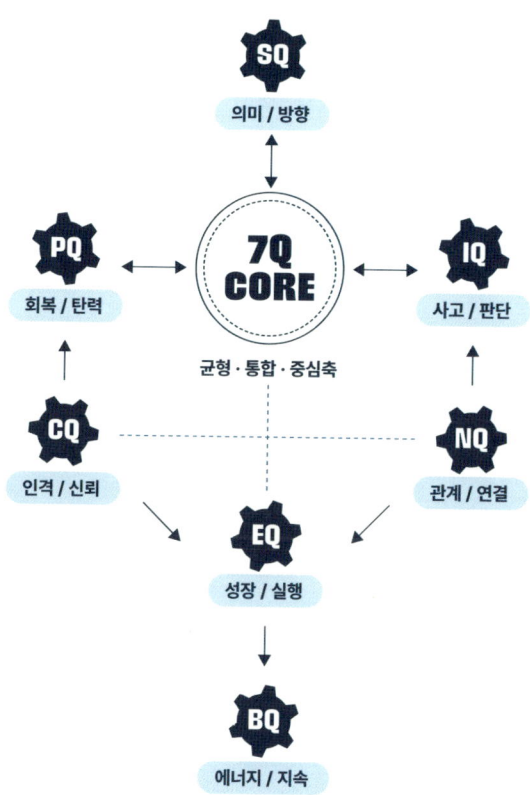

4. 읽는 법 (Reading Guide)

이 부록은 점수표가 아니라 삶의 구조 지도입니다.

지금 모든 엔진을 완벽히 이해하려 애쓰지 않아도 괜찮습니다.

먼저 "가장 약하게 느껴지는 엔진" 하나만 찾으십시오.

엔진 하나를 이해하면 나머지 흐름도 자연스럽게 연결되기 시작합니다.

권장 순서
1 - 부록 1에서 현재 증상 확인
2 - 부록 2에서 전체 구조 이해
3 - 부록 3에서 막힌 회로 점검

이제 전체 구조를 보았다면, 다음 단계는 실제로 어떤 회로가 막혀 있는지를 확인하는 것입니다. 부록 3에서는 28회로 자가진단을 통해 구체적인 정비 지점을 찾게 됩니다.

DEEP CHECK: 7Q 28회로 자가진단표
– 막힌 회로를 찾아 다시 흐르게 하기

부록 2가 "경고등 점검"이라면, 부록 3은 정비 매뉴얼입니다. 각 엔진의 4대 회로(28회로) 중에서 어느 회로가 막혔는지를 찾아내는 용도입니다. 아래에 (A) 점수형과 (B) 일반 독자형을 함께 제공합니다.

(A) 28회로 자가진단표 – 점수형(1~5점)

응답: 1 전혀 아니다 / 2 가끔 / 3 보통 / 4 자주 / 5 항상

각 회로당 1문항(총 28문항)으로 "간결하지만 정밀하게" 구성했습니다.

SQ(의미 엔진)

정체성: 나는 나의 중심(나는 누구인가)을 잃지 않으려 점검합니다.

사명: 나는 지금 하는 일이 '나의 사명/역할'과 연결되어 있습니다.

가치: 선택의 기준(가치)이 비교적 분명합니다.

비전: 3~12개월의 방향(비전)이 내 안에 살아 있습니다.

PQ(긍정 엔진)

자기 긍정: 나는 나를 지나치게 비난하지 않고 건강하게 바라봅니다.

타인 긍정: 사람을 볼 때 부정적 관점보다 이해/존중을 먼저 선택합니다.

사명 긍정: 일이 힘들어도 '의미'를 붙잡아 다시 일어납니다.

역할 긍정: 미래를 두려움만이 아니라 기대/준비로 바라봅니다.

IQ(사고 엔진)

학습: 나는 매일 조금이라도 읽고 배우는 시간을 확보합니다.

질문: 나는 스스로 질문하며 생각을 깊게 만듭니다.

통합: 흩어진 정보/경험을 연결해 "내 기준"으로 정리합니다.

지혜: 선택할 때 장기적 결과까지 고려하려고 노력합니다.

CQ(인격 엔진)

성찰: 나는 하루를 돌아보며 태도/말을 점검합니다.

목표: 나는 어떤 사람이 될지(인격 목표)가 비교적 분명합니다.

멘토링: 나를 세워주는 사람/멘토와 연결되어 있습니다.

습관: 나를 지켜주는 작은 습관(예: 멈춤, 정리, 절제)이 있습니다.

NQ(관계 엔진)

인사: 나는 관계를 여는 작은 표현(인사/미소)을 의도적으로 합니다.

소통: 나는 대화를 회피하기보다 표현/대화를 선택하려 합니다.

존중: 나는 다름을 인정하며 말과 태도에서 존중을 지키려 합니다.

섬김: 나는 관계에서 작은 도움과 섬김을 실천합니다.

EQ(역량 엔진)

방향: 나의 강점이 어디에 쓰이는지(역량의 방향)가 분명합니다.

강점: 나는 강점을 의식적으로 훈련/개발합니다.

피드백: 나는 피드백을 피하지 않고 성장 자료로 사용합니다.

숙련: 반복 훈련으로 실력을 쌓는 루틴이 있습니다.

BQ(에너지 엔진)

회복: 수면/휴식의 기본을 지키려 노력합니다.

연료: 먹는 것(영양/수분)이 내 몸에 도움이 되도록 관리합니다.

활력: 걷기/스트레칭 등 기본 운동을 꾸준히 합니다.

정서: 긍정적인 감정·웃음·호흡 등을 통해 정서를 회복하려고 노력합니다.

점수 해석(회로별)

1~2점이 많은 회로 = "막힌 회로(우선 정비 지점)"

4~5점이 많은 회로 = "흐르는 회로(유지/확장 지점)"

추천 사용법:

점수가 가장 낮은 회로 3개만 우선 고르십시오.

그 회로에 해당하는 루틴 1개씩만 붙이십시오(부록 4).

2주 후 다시 체크하면 변화가 보입니다.

(B) 28회로 자가진단표 – 일반 독자형(질문형)

점수 대신, "예/아니오/애매함"으로 표시하는 버전입니다.

- **SQ 정체성: "나는 나를 잃지 않기 위해 점검하는 시간이 있다."**
  (예/아니오/애매)
- **SQ 사명: "내가 하는 일이 왜 중요한지 설명할 수 있다."**
  (예/아니오/애매)
- **SQ 가치: "선택의 기준이 있다." (예/아니오/애매)**
- **SQ 비전: "앞으로 3~12개월의 방향이 있다." (예/아니오/애매) …**

위 점수형 28문항을 동일하게 예/아니오/애매함으로 사용하시면 됩니다.

해석 가이드 (일반 독자형)

- "아니오"가 표시된 문항 = 우선 점검이 필요한 회로
- "애매함"이 많은 문항 = 방향이 아직 약한 회로
- "예"가 많은 문항 = 비교적 잘 흐르는 회로

추천 사용법

"아니오"가 표시된 회로 3개만 선택합니다.

해당 회로의 루틴 1개만 2주 동안 실행합니다.

2주 후 다시 체크하면 변화가 보입니다.

START ROUTINE: 하루 30분 7Q 시동 루틴 카드

– 인생 엔진을 다시 가동하는 최소 루틴

이 루틴은 완벽한 하루를 만들기 위한 것이 아니라, 멈추지 않는 하루를 만들기 위한 최소 단위입니다. 하루 30분이 어렵다면, 하루 5분만으로도 시동은 가능합니다.

하루 30분, 7Q 최소 루틴(예시)

Q	엔진	핵심 질문	하루 루틴(최소)	시간
SQ	의미 엔진	"오늘 나는 왜 사는가?"	목적 1문장 또는 말씀(명문장) 묵상	5분
PQ	긍정 엔진	"나는 다시 일어날 수 있는가?"	감사 3가지 또는 긍정 선언 1문장	5분
IQ	사고 엔진	"나는 어떻게 생각하고 있는가?"	독서 1~2쪽 + 질문 1개	5분
CQ	인격 엔진	"나는 어떤 사람으로 반응했는가?"	성찰 질문 1개	5분
NQ	관계 엔진	"오늘 누구와 연결할 것인가?"	감사/격려 메시지 1회	5분
EQ	역량 엔진	"무엇을 성장시킬 것인가?"	강점 훈련 메모 1줄	3~5분
BQ	에너지 엔진	"나는 끝까지 갈 힘이 있는가?"	스트레칭/호흡/걷기	5분

핵심 원칙

- 완벽하게 하려고 하지 마십시오. 흐르기만 하면 됩니다.
- 하루에 다 못해도 괜찮습니다. 끊기지만 않으면 됩니다.

'5분 루틴' 한 줄 버전(급할 때)

- **SQ: "오늘의 목적 1문장"**
- **PQ: "감사 1가지"**
- **IQ: "읽기 1쪽 + 질문 1개"**
- **CQ: "오늘의 나를 돌아보는 질문 1개"**
- **NQ: "감사/격려 메시지 1회"**
- **EQ: "강점 훈련 1줄"**
- **BQ: "호흡 10번/스트레칭 2분"**

자세한 실천 도표/기록지는 〈7Q 리더십 엔진 90일 리듬〉 워크북에서 더 풍성하게 제공합니다(단행본은 "지도와 시동"에 집중하고, 워크북이 "훈련과 기록"을 담당합니다).

RESET SYSTEM: 90일 로드맵 & 루틴 복귀 규칙 (Reset Rule)
– 끊겨도 다시 돌아오는 운용법

부록 5는 12장의 메시지("90일 후 변화")와 겹치지 않도록, 설명이 아니라 운용 규칙과 실행 로드맵 중심으로 구성했습니다. 즉, 부록 5는 "감동"보다 "실제 사용"이 목적입니다.

1. 90일 3단계 로드맵(운용표)

1–30일: 시동(Starting)

- 목표: 끊기지 않기
- 전략: 7Q를 '완성'이 아니라 '연결'로 시작합니다.
- 체크포인트(주 1회):
· "이번 주에 가장 약했던 Q는 무엇입니까?"
· "그 Q에 루틴을 1개만 붙인다면 무엇입니까?"

31–60일: 안정(Stabilizing)

- 목표: 출력 안정화
- 전략: 감정/의심이 올라오는 구간이므로 루틴을 줄여도 끊지 않는 것이 핵심입니다.
- 체크포인트:
· "나는 무엇 때문에 끊겼습니까?(시간/감정/관계/몸)?"
· "그 끊김을 막는 최소 장치 1개는 무엇입니까?"

61-90일: 전환(Shifting)

- 목표: 나의 새로운 리듬 고정
- 전략: 강한 Q를 확장하기보다, 약한 Q를 평균까지만 올리면 삶이 달라집니다.
- 체크포인트:
  · "가장 달라진 Q는 무엇입니까?"
  · "남은 30일, 가장 약한 Q를 살릴 최소 루틴은 무엇입니까?"

2. 루틴 복귀 규칙(Reset Rule) – '복귀'가 실력입니다

· 하루를 놓쳤다면 → 5분만
· 일주일을 놓쳤다면 → 가장 쉬운 Q, 1개만
· 한 달을 놓쳤다면 → SQ부터 다시(가장 작은 루틴 하나부터)
  루틴은 성공을 증명하는 도구가 아니라, 다시 돌아오게 만드는 길입니다.

3. 주간 점검 7문장(일요일 7분)

이번 주에 가장 약했던 엔진은 ___ 입니다.
그 엔진이 약해진 이유는 ___ 입니다.
다음 주에 붙일 최소 루틴 하나는 ___ 입니다.
내가 끊기기 쉬운 시간대/상황은 ___ 입니다.
그 상황에서 사용할 복귀 규칙은 ___ 입니다.
이번 주에 감사할 한 가지는 ___ 입니다.
다음 주의 한 문장 목적(SQ)은 ___ 입니다.

완벽한 하루가 아니라,
다시 돌아오는 하루가
당신의 7Q 인생 엔진을
끝까지 가동시킵니다.

부록 6 · CORE QUOTES: 삶을 다시 움직이게 하는 12개의 문장

– 흔들리는 순간, 방향을 다시 기억하게 하는 문장들

"삶은 열정으로 시작되지만,
균형으로 오래 간다."

"다이아몬드는 모든 면이 다듬어질 때 빛난다.
삶도 모든 엔진이 연결될 때 오래 빛난다."

"사람은 지쳐서 멈추는 것이 아니라,
살아야 할 이유를 잊을 때 멈춘다."

"감사는 당장 현실을 바꾸는 힘이 아니다.
현실 속에서도 다시 일어서게 하는 해석의 힘이다."

"상황이 바뀌기 전에,
질문이 먼저 바뀐다."

"인격은 말로 드러나지 않는다.
시간이 지나야, 비로소 사람의 무게가 보인다."

"관계는 큰 말이 아니라,
반복되는 작은 존중과 섬김 속에서 자란다."

"재능은 시작을 돕지만,
반복은 결국 전문성을 만든다."

"무너진 몸은 사명을 끝까지 지탱하지 못한다.
에너지는 사명의 연료다."

"번아웃은 실패나 약함이 아니라,
시스템의 연결이 끊겼다는 신호이다."

"루틴은 의지가 꺼진 날에도,
삶을 앞으로 밀어주는 엔진이다."

"인생은 세게 밀어붙인다고 움직이지 않는다.
다시 시동이 걸릴 때 앞으로 나아간다."

All Quotes by
Young-Gi Hong.

7Q 리더십 엔진의 힘

The 7Q Leadership Engine

지친 삶을 다시 움직이게 하는 7개의 인생 엔진

© 2026 GLIM 7Q리더십연구원 All rights reserved.

초판 1쇄 발행	2026년 4월 1일
저 자	홍영기(Young-Gi Hong)
기 획 · 편 집	GLIM 7Q리더십연구원 (원장 홍영기)
발 행 인	홍영기
발 행 처	글림출판사(GLIM PRESS)
등 록 번 호	제2025-000085호
판 매 · 유 통	글림리더십출판센터
디 자 인	GLIM Design Studio (강예지 실장)
I S B N	979-11-996842-6-3
주 소	경기도 김포시 장기동 1929-3
전 화	010-6740-4739
이 메 일	glimleadership@gmail.com
홈 페 이 지	www.glimleadership.org

※ 책 가격은 뒤표지에 있습니다.

글림출판사(GLIM PRESS)는 '빛나다(glim)'의 뜻처럼, 영성과 리더십을 세우고 각 사람의 사명이 세상 속에서 빛나도록 돕는 책과 콘텐츠를 출판합니다.